100点のほめ方

原 邦雄
Hara Kunio

Discover

はじめに ～ 心を動かす「100点のほめ方」とは？

人は、10のアドバイスをされるよりも、たった1つの「ほめ言葉」をもらった方が変わります。では、どんな「ほめ方」をすれば、相手は喜んでくれるのでしょうか？

「なんかステキ、かわいい」
「今日もスーツ決まっているね」
「いい契約が結べたな」

相手の見た目をほめたり、結果をほめたりすることも、立派な「ほめ方」です。
しかし、パッと目に入った印象やわかりやすい結果をほめるだけでは、瞬間的な効果しか得られません。そこで本書では、うわべだけだったり相手をコントロールしたりするようなほめ方ではなく、心に響く、記憶にしっかり残る「ほめ方」をご紹介します。

「ほめる」ことは、「あなたのことを信頼している」「あなたの良いところをもっと知りたい、仲良くなりたい」と好意を示すことです。

単に「見た目」や「結果」をほめるだけではなく、**「その人のあり方」や「頑張ったこと・過程」をほめる**ことを意識してみてほしいのです。

そこで、こんなほめ言葉はいかがでしょうか？


「いい契約が結べたな。

相手のニーズをここまで引き出すとは、思っていなかったよ。

影で努力していた姿を見ていたし、いつか結果は出ると思っていた。

何度も企画を出して、あきらめない姿を見ていると頼もしかったよ。

いままで多くの営業マンが跳ね返されてきたクライアントだったが、本当によくやった。

これからも期待しているよ。わたしも勇気をもらった、ありがとう。

その〝誠実さ〟は、持って生まれたように感じていたし、
ご両親の育て方が良かったんだと思う。

そして学生時代のクラブで良い恩師や仲間に恵まれたんだろうな。粘り強くやり切った、本当によくやった」

このほめ方には、「100点のほめ方」の技術がギュッと凝縮されています。

「そんな長いほめ台詞をいきなり言うなんて無理だよ……」と思われる方もいるかもしれませんが、大丈夫です。

「100点のほめ方」は、誰でも身につけることのできるシンプルな技術だからです。

シンプルな技術で「ほめ上手」になれる

この本を読めば、相手に喜んでもらえる「100点のほめ方」が誰でもできるようになります。たとえば、

「いい契約が結べたな」

契約をとってきた部下にこう言ったとしましょう。相手は喜んでくれるでしょうか。必ずしもその言葉で、すべての人が喜んでくれるとは限りません。

「本当に大変さをわかってくれているんだろうか……」

そう感じる部下もいるでしょう。これではまだ、「20点のほめ方」です。

そこで、**具体的な行動や過程をほめて**みてください。

20点のほめ方

「いい契約が結べたな」

60点のほめ方

「相手のニーズをここまで引き出すとは、思っていなかったよ。影で努力していた姿を見ていたし、いつか結果は出ると思っていた。何度も企画を出して、あきらめない姿を見ていると頼もしかったよ」　←具体的にどこがほめポイントだったかを表現している

このようにほめると、相手は、「自分の頑張りをしっかりほめてもらった」と思えて、満足度がぐっと上がります。

これで、60点のほめ方になりました。

さらに、ほめる側の感情を伝えるためこう続けてみましょう。

20点のほめ方

「いい契約が結べたな」

60点のほめ方

「相手のニーズをここまで引き出すとは、思っていなかったよ。影で努力していた姿を見ていたし、いつか結果は出ると思っていた。何度も企画を出して、あきらめない姿を見ていると頼もしかったよ」　↑具体的にどこがほめポイントだったかを表現している

80点のほめ方

「いままで多くの営業マンが跳ね返されてきたクライアントだったが、本当によくやった。これからも期待しているよ。わたしも勇気をもらった、ありがとう」←一対一の関係性を意識した感情を伝えている

このように、**ほめる側の感情をこめてほめる**ことで、部下は一対一の関係性を大切にされたうえで「ほめられた」「認められた」という気持ちが強まります。

ここまでくれば、もう80点。あと一歩です。

100点を目指すなら、生き方すべてを肯定し、ほめます。

生き方すべてを肯定するときは、「過去」と「現在」と「未来」、「その人の人生において大切な人」や「乗り越えてきた困難」などをその人の半生を振り返るような気持ちで、丁寧にほめていくのです。

20点のほめ方

「いい契約が結べたな」

60点のほめ方

「相手のニーズをここまで引き出すとは、思っていなかったよ。影で努力していた姿を見ていたし、いつか結果は出ると思っていた。何度も企画を出して、あきらめない姿を見ていると頼もしかったよ」↑具体的にどこがほめポイントだったかを表現している

80点のほめ方

「いままで多くの営業マンが跳ね返されてきたクライアントだったが、本当によくやった。これからも期待しているよ。わたしも勇気をもらった、ありがとう」↑一対一の関係性を意識した感情を伝えている

100点のほめ方

「その〝誠実さ〟は、持って生まれたように感じていたし、ご両親の育て方が良かったんだと思う。そして学生時代のクラブで良い恩師や仲間に恵まれたんだろうな。粘り強くやり切った、本当によくやった」↑生き方すべてを肯定し、ほめている

現在の状況をほめるだけでは、相手の一部、「点」をほめているだけにすぎません。

そうではなくて、**現在、過去、生きてきた環境、未来など……、相手の存在をつくりあげてきた多くの「点」を「線」で結ぶようなほめ言葉**をかけることができたら、「１００点のほめ方」です。

このようなほめ言葉は、相手の心に響き、記憶にしっかり残ります。そして、相手は「自分を理解してくれている」と安心感を抱き、あなたとの間に信頼が生まれてきます。

また、このように相手のことを考え尽くしてほめると、ほめる側の記憶にも相手の良さが刻まれ、尊重し合う関係の基礎が完成します。

実はこのやりとりは、わたしの経験です。「ほめる」が持つ力を実感しているのと同時に、上司から「君のことを信頼していない」と言われ、脱力感に襲われたときの経験をもとに、日々仕事で活かしています。

わたしは現在、複数の会社を経営しています。わたしは、１年の約２割は海外出張でしたし、出張先や自宅でもビデオ通話の仕事が多く、また執筆依頼も毎週のようにあるため、部下とリアルに会うのは月に１度です。

でも、電話やSNSのメッセージ、ビデオ通話などを活用し、文章や音声、ときには映像も送ってしっかりほめているので、人間関係は円満です。

人間関係が円満だと、相手に対して、事務的なコミュニケーションだけではなく、「プラス1」の気遣いや配慮が自然とできます。

すると、話しかけるタイミングや伝え方の言葉選びに頭を悩ませないでスムーズにコミュニケーションをとれる関係性が築かれるので、仕事がどんどん進みます。その結果、部下の残業はゼロ、有給取得率100％、ベースアップも4年連続で実現しています。

わたしが部下をほめ、部下はわたしに感謝する。そんなゆるぎない関係が築けているため、改善点があれば気づいた瞬間言い合います。感情の乱れは一切生じません。

自分が悪かったと思ったら、もちろん、わたしも謝ります。素直に謝る文化も根づいているので、仕事の質がさらに上がり、とても良い循環が生まれています。

「100点のほめ方」を身につけると、ポイントをついた「ほめ」ができるようになり、**相手との距離が一気に近づいて、信頼関係がこの上なく強固になる**のです。

それは、相手の生き方をほめ、受け入れることにもつながります。すると相手から「この人といると楽しい」「この人ともっと話したい」と思ってもらえて、仕事はもちろん、プライベートでも良いことがたくさん起こります。

そして、人間関係の悩みがほぼゼロになるのです。

「ほめる」ことで人生が変わる

わたしは「ほめること」の大切さを、日本中だけではなくアメリカや中国、インド、カンボジア、オーストラリアなど、世界17か国のべ50万人以上の方々へ伝えてきました。

そのなかで**「ほめることで、また、ほめられることで、人生が変わった」**という声をたくさんいただきました。

エステ会社で働いていたとある女性Sさんは、念願の独立を果たして、自分の会社を起こしたものの、顧客が思うように増えません。

そこで解決の糸口を求めて、異業種交流会や著者パーティの受付などの手伝いをすることにしました。人が多く集まる場所に行き、人脈を増やそうと考えたのです。

しかし会場には、同じことを考えるエステティシャンやサロン運営の人がたくさんいました。Sさんは、自分のエステサロンの特徴を必死で伝えようとしますが、興味を持ってくれる人はなかなか現れません。

そこでわたしは、Sさんに交流会の場では、「相手の話を聞き、会話を楽しむこと」に徹し、交流会後に送るメールに、ほめ言葉を入れるようにアドバイスしました。ほめ言葉を加えたメールは、次のような内容です。

「昨日は交流会でお名刺交換をありがとうございました。
お話の中で、『利益＝理念実現や社会貢献のための経費』とおっしゃっていたことが記憶に残っています。貴社の理念の素晴らしさに感動し、一度ご教授いただきたいです。
そして、秘書のHさんに本当にいろいろお気遣いいただき心から感謝しています」

するとどうでしょう。
すぐに秘書のBさんからメールが届き、「一度エステをお願いしたい」と依頼があったのです。効果を実感したBさんがリピーターになり、その後１００点のほめ方を実践すると、紹介が増え、新規のお客様もどんどん増えていきました。

そしていまでは、予約がとれない人気エステサロンになりました。

自分の仕事を増やすことばかりを考えるのではなく、相手をほめることに焦点を当て、交流会に参加することで、Sさんは**「記憶に残る人」**になったのです。

しかも今回の場合、相手がほめてほしい点に触れたお見事な「ほめ方」でした。

もうひとつ、事例をご紹介しましょう。

あるシングルファーザーの男性は、同居する息子とまともに会話することができないほど、関係が冷え切っていました。

男性は朝早く出社し、深夜に帰宅する毎日。なかなか息子と顔を合わせる機会もありません。仕事優先にしなくては、生活が回らないのは事実。

でも、ますます息子と会話しにくくなる一方です。このままではダメだと思い、焦りばかりが募っていました。

もともと、その男性自身も自分の親と折り合いが悪く、交流がほとんどありませんでした。だから余計に、何をどう話せばいいのか、まったくわからなかったのです。

こんな場合、いきなりほめるのは困難です。

そこでわたしは「メッセージカード」を使うことを提案しました。些細なことでもいいので「ありがとう」の気持ちをメッセージカードにしたため、息子に伝えるようにしてもらったのです。たとえば、次のようなメッセージです。

「洗濯物のたたみ方、上手だね。ありがとう。嬉しかったよ」

ほんの些細なこと。

でも、これが糸口になりました。日頃言いそびれていた「ほめ言葉」と「ありがとう」を伝えることで、いままで当たり前だと思っていた息子の存在がありがたく思えるようになったからです。そして、男性は自然と「息子の行動」に目が向くようになったのです。

「夜遅くまで、毎日素振りしているんだな。お父さんが帰ってきても、バットに熱がまだ残っているときがある。すごいな」

「お前の努力がエネルギーになり、お父さんも仕事頑張ろう、という気持ちになる」

と、「ありがとう」以外のほめ言葉も添えるようになりました。


そうやって何枚目かのメッセージカードを渡したある日、息子からＬＩＮＥのメッセージが届いたのです。

「今度、どっか飯でも食べに行かない？」


そして、ふたりは焼き鳥屋へ行ったそうです。

言葉を交わすことは少なかったそうですが、男性は息子さんとふたりで出かけること、それ自体が奇跡のように思えて感無量だったと感想をいただきました。

息子さんにとってもその時間はとても楽しく、嬉しい思い出になったそうです。

仕事の壁を乗り越えられたきっかけは、「ほめられたこと」

わたしも「ほめる」こと、そして「ほめられる」ことで、人生が変わりました。

32歳の頃です。

当時、わたしは飲食店の店長として働いていましたが、気持ちがふさぎこんでいて、6か月間引きこもっていました。さらに、転職活動では、不採用が続き、「わたしなんて、誰にも求められていないんだ」とさらに落ちこみ、投げやりになっていました。

そんなとき、最初に入社した食品メーカーでわたしの部下だったTくんから「ひさびさに、飲みに行きませんか」と誘いがありました。

転職活動に悩むわたしを思いやって、声をかけてくれたのです。

「なんか、最近元気なさそうじゃないですか。どうしたんです?」

そうやって明るく声をかけてくれる彼に、わたしは思わず本音を打ち明けました。

「転職活動、なかなかうまくいかんわ。
こないだの面接も、あまり良い感触じゃなかったし。
……もう、なんかどうでもよくなってきたわ。仕事なんて、どれも一緒やん」

そんなわたしを見て、彼は語気を強めてこう言いました。

「どうしたんですか、原さんらしくないですよ。
一緒に働いてた頃、僕ら部下たちの面倒もよく見てくれて、どんな相談にも乗ってくれた。
本当に兄貴みたいでしたよ。原さんは、価値がある方です」

わたしはその言葉を聞いて、ハッとしました。

転職活動がうまくいかず、「自分なんて」「どうせ」と、ひねくれてしまっていた自分にも、「良き上司」「良き先輩」であろうとした時期がありました。そんなわたしを慕ってくれる部下や後輩が、ほかにも何人かいました。

Tくんが「原さんには価値がある」と、強い言葉で示してくれたことで、わたし自身、これまでの経験を否定する必要は何ひとつない。前を向いて、自信を持って転職活動に臨もうと、心を奮い立たせられたのです。

年下も年上も関係なく、「あなたには価値がある」と言い切ってもらうことで、ものすごいエネルギーが体の中に入った実感がありました。

そこから一念発起し、わたしは無事、新しい会社の内定をもらうことができました。

その後独立、「ほめ育コンサルタント」として活動し、ほめることのパワーを伝えるために、日本全国、海外十数か国を飛び回り、多くの人に「ほめ方」を教えています。

いまでは、約300社の企業に「ほめ育」のセミナーやコンサルティングを導入しています。

もし、部下だったTくんのあのほめ言葉がなかったら、いま、わたしはここにいないかもしれません。

今日からほめ上手になれる

この本では、わたしがこれまで50万人以上の方々にお伝えしてきたほめ方をシンプルな方法でお伝えします。仕事、家族、パートナー……あらゆる人と、より良い関係を築くために効果抜群の方法です。

第1章では、ほめることの目的をテーマとし、どんなスキルよりも役に立つことや、人生が豊かになることについてお伝えします。

第2章では、「『ほめ下手』を『ほめ上手』に変える3アクション」についてお伝えします。

第3章では、上司・部下、取引先、親子、夫婦、友だちなどのエピソードを交えて事例をご紹介します。

最後の第4章では「100点のほめ方＋αテクニック」をテーマとし、より効果的にしていくための応用的な技術を披露します。

この本を読めば、「ほめる」ことの概念が変わります。

ほめることは、決して相手をコントロールするためのものではありません。

たとえ過去に仲違いをした関係であっても、再びつながり合い、そして強固な信頼関係を築ける――そんな技術がこの本につまっています。

「100点のほめ方」で、相手の反応が面白いほど変わります。人間関係も良くなり、仕事も目に見える形、数字で成果が上がるようになります。

そして、自分のこともほめられるようになり、人の温かさを実感することもできます。

さて、それはいったいどんな方法なのか。さっそく、解説していきましょう。

2020年8月

原　邦雄

100点のほめ方　目次

第1章
すべての人が喜ぶ、ほめ方の技術

第2章

「ほめ下手」を「ほめ上手」に変える3アクション

第3章 こじれた人間関係が、劇的に変わった事例

第4章　「100点のほめ方」を極める

第1章

すべての人が喜ぶ、ほめ方の技術

「ほめ上手」は才能じゃない。技術で誰でもほめ上手になれる！

本書でお伝えする「100点のほめ方」は、誰でも身につけられる技術です。

100点のほめ方の3アクションを身につければ、どんな人ともあなたが理想とする人間関係を築くことができます。

さらに、この100点のほめ方の基本が身につけば、

「こういう人には、こうほめよう」
「こういうときは、こんなほめ言葉を添える」

といった具合に、どんどんほめ方の引き出しが増えていくようになるのです。すると、あ

なたの周りには、

「あなたといると楽しい」

「あなたと一緒にいたい」

と思う人が増え、人がどんどん集まってきます。

また、ちょうどいい距離を保った関係性を築くことができるのです。

そんな良いことだらけのほめることに才能はいりません。

では、次の項目から、１００点のほめ方の技術や目的について、具体的に解説していきます。

「ほめ言葉」にはさまざまな種類がある

「ほめ言葉」と聞いて、あなたはどんな言葉を思い浮かべますか。


「すごいね」

「さすが」

「上手」


このように相手を称賛する言葉をイメージする方が多いかもしれません。

しかし、称賛以外にも、「感謝」「好意」を示す言葉もほめ言葉だと、わたしは考えています。

「感謝」「称賛」「好意」は、自尊心の三大欲求を満たすからです（P32～詳述）。

●感謝を示すほめ言葉

「ありがとう」「感謝しています」

●称賛を示すほめ言葉

「すごいね」「成長したね」

●好意を示すほめ言葉

「好きだよ」「好感が持てる」

「ほめる」というのは、相手の考え方や行動に対して、感謝や称賛、好意を示し、相手のことをもっと理解したい、尊重したいという思いを伝えることなのです。

「ほめる」ことは人の才能を最大限に引き出す

そもそも、「ほめる」だけで本当に良いことが起こるのでしょうか。

ある心理学者によると、人には、**自尊心を満たすための三大欲求**があるといいます。

その3つをわかりやすく表現すると、次のようになります。

①**「ありがとう」欲求（自己重要感）**
……自分を大切な存在として認めてほしい

②**「すごいね」欲求（自己有能感）**
……自分を有能な人として認めてほしい

③「好きだよ」欲求（自己好感）
……ほかの誰かに好かれたい

つまり、人は

「ありがとう」（①自己重要感が満たされる）
「すごいね」（②自己有能感が満たされる）
「好きだよ」（③自己好感が満たされる）

といったほめ言葉をかけられると、**自尊心の三大欲求が満たされ、自分に自信を持ち、いきいきと行動し、最大限の能力を発揮することができる**のです。

ここで、学生の頃に陸上をしていたお母さんの影響で、陸上部に入部した小学４年生のＡちゃんとお母さんのエピソードをご紹介します。

Ａちゃんは、お母さんの影響だけではなく、自分自身も走ることが好きで陸上部に入部しました。

しかし、厳しい練習に疲れ、帰宅するといつも「しんどかった……」と愚痴をこぼしていたそうです。それを聞いたお母さんは、

「自分で決めたことなんだから」

と発破《はっぱ》をかけてAちゃんを励ましていた（つもりだった）といいます。

そんなやりとりを続けているうちに、Aちゃんの表情は暗くなり、家に帰るとすぐに部屋に閉じこもってしまうようになってしまいました。

そこでお母さんは、とにかくAちゃんの話を聞いて、その頑張りを認めてあげることにしました。

母「今日はどんな練習をしたの？」

娘「200m×5本を2セット、それと1000mのタイムトライアルもやったよ」

母「**わぁ、それはすごいね。本当に頑張ってるんやね**」

と言って、Aちゃんの**「すごいね」欲求**を満たしました。

そうやって、頑張りを認め、励ましているうちに、Aちゃんは、

「走るのが楽しい」

「友だちと一緒に頑張りたい」

と口にするようになりました。

そして、それに比例するように、Aちゃんの記録はどんどん伸びていきました。

そこでお母さんは、Aちゃんの自己ベストを表にして、壁に貼ることにしました。１００ｍのタイムが、先週よりも３秒縮んだ、６秒も縮んだ……。その度にお母さんは、

「休まずにコツコツと練習してるから、速くなってきたんやね。本当にすごいね」

と、さらにAちゃんをほめてあげました。

そして陸上の試合を観に行ったお母さんは、Aちゃんが楽しそうに仲間たちとおしゃべりしたり、応援し合ったりしているのを見て、こんな言葉をかけました。

「友だちと応援し合うのは、とても良いことだよ。応援し合う姿を見て、ますますAちゃんのこと好きになったわ。良い仲間に出会えて、本当に良かったね。お母さんも嬉しい」

ここでは、**「好きだよ」欲求**を満たすほめ言葉をかけました。

こうして、ますます陸上にのめりこみ、才能を発揮するようになったAちゃんは、小学6年生のときに市内の駅伝大会でなんと区間新記録を達成。

中学校へ進学してからは、県選抜に選ばれ、全国大会に出場。都道府県対抗戦では、なんと日本一になったのです。

自宅の壁には、Aちゃんの走る写真や、授与された賞状が一面に貼り出されています。

お母さんはことあるごとに、

「努力して、しっかり結果を残しているあなたのこと、誇りに思うわ。勇気をもらったよ。本当にありがとう。お母さんも頑張らなきゃね」

と、彼女に伝えているそうです。

そうやって**「ありがとう」欲求**も満たしているのです。

「ありがとう」
「すごいね」
「好きだよ」

自尊心の三大欲求を満たすほめ言葉が、Ａちゃんの才能を最大限に引き出したのです。

誰も「ほめ方」を教えてくれなかった

ここまでお伝えしたように、ほめることはとても良い循環を生んでくれます。

しかしなぜ、わたしたちは、ほめることに苦手意識があるのでしょうか。

日本人の多くは、**ほめた経験もほめられた経験も少ないので、ほめ方がわからない**のです。そして、遠慮することや意見を言わないことが「空気を読む」につながるような風土がある国ではないでしょうか。

また、いざほめられたとしても、

「いやいや、大したことありませんよ」

「こんな簡単なこと、誰でもできますよ」

と謙遜したくなるのがわたしたち日本人の性分ではないでしょうか。

ほめられることに慣れていないと、当然、ほめることもできません。

ほめようとしても、照れくさくなったり、どんな言葉をかけたらいいのかわからなくなったりします。習慣になかったことを、大人になってから身につけようとするのは、どんなことでも難しいですよね。

ましてや、誰からも「ほめ方」を習ったことがないのに、ほめ言葉がすんなりと出てくるなんて、できなくて当然のことなのです。

だから、わたしはこの本で、誰でもすぐにできる「１００点のほめ方」をお伝えしたいのです。

「100点のほめ方」は人生を豊かにしてくれる

100点のほめ方は、順番通りに行えば、誰にでもできます。

相手の人生をすべて肯定することにより、相手の記憶に刻まれる存在になるのです。

そんな関係が続々と構築できていくと、どんな良いことが起こるか想像できますよね？

相手に合わせた「ほめ言葉」を暗記するように覚えて、ぎこちなくほめるのではなく、本心でほめるので、相手の心に響くのです。

そして、ポイントは、それが〝簡単〟にできるようになることです。

「すごいですね」というシンプルなほめ言葉でも、生き方すべてを肯定する気持ちで伝えると、相手の記憶に一生残る〝ほめ言葉〟になるのです。

ほめられた側は、そんな経験は初めての人が多く、良い意味で脳にエラーが起き、一生忘れられない出来事になるのです。

そして、関係がこじれてしまった人に対しても、少しずつ距離を縮め、修復し、心地の良い関係を再構築できます。

ほめ言葉は、誰にでも使える魔法の言葉なのです。

人はひとりでは生きてはいけません。仕事もお互いが支え合って、成り立っています。

その関係性が理想に近づけば、あなたの笑顔が格段に明るくなることも想像できるでしょう。

「１００点のほめ方」は、周りとあなたの笑顔を増やし、人間関係の悩みを限りなくゼロにすることで、人生を豊かにしてくれる技術なのです。

「ほめ方」は、どんなスキルよりも役に立つ

現代は、新型コロナウイルスの影響で、さらに「変化が激しい時代」になりました。

オンラインでの教育、宅配サービスの多様化、VRプログラミングなどの新時代の仕事、そして、AI（人工知能）の時代（シンギュラリティ）が目前です。


「AIに置き換えられない能力」とはいったい、なんでしょうか。

そのひとつに、「ほめる」があるとわたしは考えています。


多くの仕事は、「ひとり」だけでは成り立ちません。

会社という組織に属していても、個人事業主として働いていても、さまざまな人と関わり、目標に向かって仕事を進めていかなければなりません。

その際、どんな仕事であっても、必要となるのは、**コミュニケーション能力**です。

どんな情報をやりとりし、どんな思いを伝え、どんな意思決定を行うか。

どんな人に対し、どんな価値を提供し、いかに満足をしてもらうか。

このように、人と人とのやりとりには必ずコミュニケーションが発生します。それらすべてが円滑にいけば丸く収まるのですが、なかなかそうはいきません。ときにはギクシャクすることも、摩擦が生じることもあります。

そんなとき、ある種の「潤滑油」の役割を果たしてくれるのが、「ほめる」ことです。

「ほめる」ことで生まれる円滑なコミュニケーションは、すべての仕事を加速させます。

ほめ合うことで、それぞれが身につけたスキルや培った経験を、最大限に発揮することができるからです。

それを証明する、こんなエピソードがあります。

ある税理士のMさんは、会社員として働きながら税理士資格を取得して、晴れて税理士として独立。けれどもなかなか顧客がつかず、副業しなければ生活が成り立たないほど。「雇われる働き方」に違和感を覚えて、一国一城の主になったはずなのに、こんなはずじゃなかった……と、独立したことを後悔しはじめていました。

わたしはMさんのことを以前から知っていたので、その状況を歯がゆく思っていました。そこで、彼にこんなアドバイスをしたのです。

「Mさんは聞き上手ですね。

その聞き上手を磨いてけば、きっとうまくいくと思いますよ。

相手から心地良い声のトーンやあいづちのタイミングだけで好感を持ってもらえるし、あとは、質問の質を上げていけば、経営者の良き参謀になると思うんです。

経営者は孤独で、資金繰りや育成のことなど、社内の人間には到底理解できない悩みと向き合っていますから、良き理解者になれば、おのずと仕事を頼まれると思いますよ」

そこでMさんは、サロンやスクール経営者向けの税務セミナーを始めることにしました。

そして、出会った経営者に対して個別にアポイントを取り、経理で何か困り事がないか、アプローチすることにしたのです。

経営者の方と話すときには聞き役に徹し、経営者視点の悩みに寄り添い、税務上のことをアドバイスしました。

そして、そこにほめることも加えて、相手の仕事やその姿勢をほめるようにしました。

「それほどお客様のことを思って仕事をされるなんて、本当に素晴らしいですね」

「こんなに従業員のことを大切にされている経営者に会ったのは、初めてです」

このように会話やメールのやりとりにほめ言葉を入れると、少しずつ距離が近づいていき、経営者が本当の悩みを打ち明けてくれるようになったのです。そして、１００点ほめをすると一気に経営者の信頼を得て、契約を結ぶことができたのです。

しかも、経営者の間で評判が広がり、「わたしも一度食事に行ってほしい」「資金繰り全般をみてほしい」など、紹介で新しい顧客からの依頼が増えたのです。

経営者は孤独な人が多く、共感してほしい、ほめてほしい人が多い中、知識と１００点ほめで、圧倒的な安心感を提供できたのです。

いまでは、年収2000万円を超える人気の税理士になっています。

「ほめる」ことは、自分や相手の姿形を何ひとつ変えずに行うことができます。

これまでの経験や実績に「100点のほめ方」をプラスするだけで、誰もが望む通り、収入をアップさせることだって可能なのです。

これほど、汎用性の高いスキルはほかにありません。

「100点のほめ方」を学べば、いままでの資格や経験がさらに活きるのです。

「ほめる」ことで生まれる円滑なコミュニケーションは、すべての仕事を加速させる

「ほめ方」を学べば、会社の業績も上がる

「ほめ方」を学ぶことは、個人だけでなく、会社レベルでも役に立ちます。

その一例をご紹介します。

外食産業でフランチャイズチェーンを運営するA社は、組織全体でほめ方を学び、年商40億円から、年商100億円にまで業績を伸ばしました。

なんと2倍以上の事業成長です。

その企業はかつて、既存店売上高が毎期前年度比95パーセントほど。

けれどもその実情は、離職率が高く、新規出店するにも人材が不足し、もともといた従業員たちの不満が募るばかりでした。

当然、そんな状態では、お客様に満足いただけるようなサービスを提供することはできません。既存店売上高はジリジリと下がってきてしまいました。

そんなとき、「ほめ方」を組織全体で学ぶことにしたのです。

店長とスタッフがお互いに「感謝の思い」や、「成長したな」「すごいな」「好感が持てるな」と感じることや、「期待していること」を伝え合い、ポジティブなフィードバックを交わすようにしました。

月に1度、上司から部下へ、部下から上司へのほめ、感謝の気持ちを形にし、そして継続することを社内ルールにしたのです。

このルールを導入した当初、店長からは、

「ほめるところが見つからない」
「何をほめたらいいかわからない」

と言われ、スタッフからは、

「毎日の業務に手いっぱいで、余裕がない」
「店長に感謝なんて、言えない」

と、戸惑いの声が上がりました。

しかし、ほめ育を導入していくうちに、お互いへの「ねぎらい」のほめ言葉が自然に増えていったのです。

「忙しい時期、率先してシフトに入ってくれてありがとう」
「新人たちの良き先輩として、自分の仕事や行動でその姿勢を見せてくれる。本当に素晴らしいですね」
「お客様からクレームをいただいたとき、戸惑っていたわたしたちを見かねて、すぐに飛んできてくれた店長。とても頼もしいと感じました。ありがとうございます」

こうして、店長もスタッフも少しずつ「ほめる」ことに慣れ、ほめ言葉をきちんと言語

化して、相手に伝えることが習慣化してくると、普段の業務時間中も

「ありがとう」
「素晴らしい」
「頼もしい」

と、気軽にほめ合うようになりました。つまり、「ほめる文化」が生まれたのです。
するとと、もともと一人ひとりが持っていたポテンシャルを存分に発揮できるようになりました。

「お客様が入店した直後、〝いらっしゃいませ〟というかけ声の徹底」
「店内スタッフが連携を取り、アイコンタクトを合計２秒する」
「お客様が多い時間帯ほど最高の笑顔で働く」

そうやって、店舗に活気が生まれました。自然とお客様の来客数も増え、各店舗の売り

上げを伸ばすことができました。

それだけではありません。

離職率も下がり、長く働く人が増えてきたのです。そして特に飲食サービスという採用が難しい業界にもかかわらず、採用広告など募集に費用をかけることなく、従業員を採用することができているのです。

通常、ひとりを採用するだけで何十万、会社全体だと何百万というお金がかかります。しかも、必死に採用した人材がすぐに辞めてしまうことも多々あります。多くの企業にとって、採用と離職は深刻な課題です。

けれどもこの企業の場合、「ほめ方」を学び、「ほめる文化」が生まれたことで、**業績も上がり、離職率も下がり、採用にかかるコストを削減することができました。**

そうやって利益が上がった分で、従業員の労働条件を改善し、週休2日制を導入し、1週間もの連休を取れるようになりました。

すると、もともとアルバイトで働いていた学生やフリーターが、自ら手を挙げて社員になることも増えてきました。

「ほめる」ことで、ポジティブなスパイラルが生まれたのです。

「ほめ方」を学べば、会社の業績は上がり、社内の関係性もより良くなり、従業員たちもいきいきと働けるようになるのです。

「ほめる」ことで行動が変わる

「ほめる」ことで、人の行動は劇的に変わります。そんなことを教えてくれた、こんなエピソードがあります。

とある飲食店でキッチンスタッフとして働くKさんは、「自分の持ち場はここだけ」と、厨房からまったく出ようとしない人でした。どんなにお店が忙しくなってお客様が並んでいても、ホールスタッフが右往左往していても「我、関せず」。

やがて周りのスタッフからは「あの人は何も協力してくれない」と陰口を言われ、孤立するようになってしまいました。

こうなってしまうと、お店全体の士気にも影響が出てしまいます。

そこで、その店の店長とスタッフで、**感謝の思いなど、ポジティブなフィードバックを**

互いに行うようにしました。

店長は、Kさんに対して、こんな言葉を伝えました。

「Kさんがしっかりと厨房を守ってくれているおかげで、お客様にもおいしい食事を提供することができます。ありがとう」

「スタッフからは『Kさんの作るまかないがめっちゃおいしい』と評判です。これからもよろしくお願いします（ただし、なるべくコストは抑えてね）」

自分の領域をかたくなに守り、心を閉ざしていたKさんでしたが、

「あ、店長は自分のことをきちんと見てくれて、わかってくれている」

という実感を得られるようになり、店長に対して感謝の思いが芽生えました。

気持ちが変わると、行動が変わりはじめます。

Kさんは、もっと「相手が喜んでくれること」をやろうと、少しずつお店全体の様子を気にかけるようになり、ときにはホールスタッフのサポートをするようになりました。

「自分は料理さえすればいい」と範囲を狭めていたKさんが、「自分は何ができるだろうか」と考え、自発的に行動するようになったのです。

「ほめる」ことは、相手を理解しようとする姿勢を見せるとともに、

「あなたには、こんな可能性がある」

「きっとこういうこともできる」

と、期待を示すことでもあります。

人は、自分に期待をかけてくれる人に対して、「いい人だな」「ステキな人だな」と好感を持っていれば、

「この人の期待を上回ろう」

「この人のために頑張ろう」


という意欲が芽生えます。

そして、ほめる側にも変化があります。


「苦手な人だから、ほめることなんてない」

「どんなに注意してもダメなやつだ」


と考えていると、嫌なところばかりが目につき、ますます苦手意識が強くなります。

けれども**「ほめるところ」を探そうとすると、相手のことをよく観察し、対話し、行動を理解しようという姿勢が生まれます。**

すると、相手には相手なりの考えがあって、どんな行動や言動にも、相手なりの背景があることに気づくはずです。

「この人はこんなふうに考えているのか」
「自分にはない考えだけど、一理あるかもしれない」

このように、すべてを理解することは難しくても、一部なら理解できるようになったり、共感できたりすることが見えてくるのです。理解の「糸口」がつかめると、「ほめるところ」がだんだん見えてきます。

・確かに仕事は遅いけど、ミスのないよう、丁寧にやってくれる
・ガミガミ怒ってばかりの上司だけど、意外と子煩悩で、子どものことを聞くと嬉しそうに話してくれる
・いつも人の悪口を言うばかりだけど、交友関係が広く、最新情報にもすぐ目をつけ、知らせてくれる

そうやって、「相手の良いところを探す見方」を癖づけることで、自分の考え方の幅が広がっていくのです。

そうなると、「こうしなければ」「こうあるべき」と頑固になっていた気持ちも楽になり、表情もやわらかくなっていきます。自分だけでなく「相手の視点」も身につけられるようになります。

「ほめる」ことで、自分と相手の「カチコチの心と関係性」を変え、お互い前向きに行動できるようになるのです。

ほめる力を実感した、最初のきっかけ

わたしは、「ほめる」ことの大切さ、「ほめる」ことで人生が変わることを、何度もなんどもお伝えしていますが、その原点は、わたし自身が「ほめられて育った」ことです。

父はもちろんのこと、特に母は「これ以上ない」ほど、わたしのことをほめて育ててくれました。

わたしは小さな頃からやんちゃ坊主で、毎日のようにケンカしたり、クラスの同級生にちょっかいを出したりしていました。

いまでも忘れられないのは、小学2年生のときの授業参観日。

ある女の子のお母さんから名指しで呼び出されたのです。

「あんたホンマ、ええかげんにして。うちの子にもうちょっかい出さんといて」

と、一対一で怒られました。

そのときはさすがに母からも怒られるだろう……と覚悟していましたが、怒られませんでした。

「もう、ホンマに元気なんやから。お母さん、道の真ん中歩けないわ（笑）」

と、母は微笑んでくれたのです。

まだまだ、わたしのやんちゃは止まりません。

中学生の頃、友人たちと悪さをして、教頭先生から呼び出される騒ぎを起こしてしまったことがありました。母も学校へ呼び出されました。これはもう、大ごとです。

教頭先生と担任の先生からこってり絞られ、母からも厳しく注意されました。

これはさすがに、母にも申し訳ないことをした。家に帰ってからまたこっぴどく叱られるだろう……そう確信していました。
しかしその帰り道、母は、わたしにこんな言葉をかけました。

「邦雄……よく、頑張ったね」

こともあろうに、こんなわたしをほめたのです。
母は、わたしの味方をしてくれる人がいないような状況下でも、わたしのことをほめてくれました。

「誰がなんと言おうとも、わたしは邦雄の味方やから」

と、覚悟を持って示してくれたのです。
そのときから、わたしの人生が変わりました。

自分のことを、これほど深く理解しようとしてくれている人を、絶対に悲しませてはいけない。もっともっと、喜ばせてあげたい。

これが、わたしに**「ほめることの大切さ」を教えてくれた実体験**でした。

「鬼店長」が逆境で気づいた「ほめる」力

社会人になったわたしは、新卒で入社した食品メーカーではセールスを務め、同期でトップの成績を収めたことから、「僕に勝てるやつなんて、いないだろ」と思い、すっかり調子に乗っていました。

転機が訪れたのは、その後、上場している大手コンサルタント会社へ転職したときでした。何かの分野で「一番」になりたいと強く思っていたときに、上司から、

「そんなに一番になりたいなら、現場を経験したら？　コンサルタントは現場に行けないのが弱み。その弱みを強みに変えたら、原君は一番になれるよ」

と、その後専務にまでなられた方に、アドバイスをもらったことがきっかけでした。

わたしが、

「もう少し、具体的に教えてもらえませんか？」

と聞くと、

「つまり、原君が好きなラーメン業界で一番になりたいなら、屋台を引いて、そこからやり直せ！ということだよ」

と言われたのです。

衝撃でしたが、目が覚めたような感覚でした。屋台につながる人脈は、ありませんでしたが、尊敬するラーメンチェーンの社長に相談し、住み込みで洗い場から働かせてもらうことにしたのです。

現場では皿洗いからスタートし、本当に苦労しましたが、周りの支えと必死の努力の甲斐あって、1年半で店長に就任しました。

店長になったからには、この店で大きな成果を出したい……と、わたしは強い決意を持っていました。

現場では、先輩方から厳しく指導してもらったように、わたしもスタッフを厳しく育てていこう。そうして、副店長以下、すべてのスタッフを厳しく叱咤するようになったのです。結果を出すことに必死になりすぎて、学生の頃、母からほめられて救ってもらったことを忘れ、鬼のような店長になってしまっていました……。

毎日朝から晩まで、ひとりにつき5回から10回はダメ出しをしていました。

「良い店にするためには、厳しく指導しなければならない」と信じていたからです。

ある年上のスタッフTさんは、ラーメンを作るのが遅く、声も小さい人でした。そんな彼を、お客様がたくさん来られる昼の時間帯にもかかわらず、店の裏に呼び出して、こんこんと説教をしていました。

「Tさん、ホンマにいいかげんにしてもらえませんか？　何回言ったらわかるんですか？　いままで、何をしてきたんですか？」

と、彼がこれまでやってきたことを否定して、「できないやつだ」とレッテル貼りをしたのです。

また、とあるスタッフに対しては、ほかのスタッフがいる前で叱りつけ、泣くまで説教しました。

「ホンマにもう……役立たず。いないほうがマシや」

いま思い返しても、わたしは本当にひどい店長でした。

そんなことを続けていれば当然、ひとり、またひとりとスタッフは辞めていきます。最初、25名もシフトに入れるスタッフがいたにもかかわらず、気づいたらスタッフはわたしと副店長、そしてアルバイトの4名だけになってしまいました。

ここまでくると、絶体絶命のピンチです。

ここから一人でも欠けてしまったら、店を続けることはできません。

なんとかしなければ……と考えながら、刻々と時間だけが過ぎていったある日のこと、アルバイトのひとりが、わたしにこんなことを言いました。


「原さん、今月のMVPって、誰ですか?」


その月は、ライバル店の売り上げを上回った月でした。それで、彼はそんなことを話したのです。

けれどもそう問われたわたしは、「え、MVP??」と、まるで頭のコンピュータがフリーズしたかのように、何も思い浮かびませんでした。

わたしは当時、「自分以外、みんなダメなやつらばかりだ」と考えていました。

「あいつはお客様にラーメンを出すのが遅いから、ダメだ」

「いらっしゃいませの声が小さいから、ダメだ」

あれもダメ、これもダメ……。そう、「悪いところ探し」をするばかりで、ちっともスタッフの「良いところ」に目を向けていなかったのです。

けれども聞かれたからには、答えなければなりません。うーん……と考えて、こう言いました。

「いつも明るいし、常連さんも慕ってくれているから、Yさんかな。シフトへの貢献、自主的に仕事を見つけて行動したし、お待ち案内も完璧になった」

という理由で、アルバイトのYさんをMVPに指名したのです。すると彼女は、思いがけない言葉に少し戸惑いながらも、すぐにこう言いました。

「ありがとうございます。来月も頑張ります」

Yさんのその嬉しそうな笑顔を見て、わたしはようやく気づきました。

怒られ、叱られても、人は変わらない。むしろ萎縮して、ビクビクして、ミスを重ねて、叱られないように、それを隠そうとしてしまいます。

その代わり、良いところを見て、尊重し、共感し、ほめることで、人は前向きになれる、と。

わたしは小さい頃、「ほめられる」ことに恵まれた環境で育ちました。そのため、ほめられることに慣れてしまい、ほめる力のすごさと可能性を見失ってしまっていました。

けれども、ほめられて、「自分を信じてくれている」と確信できるからこそ、頑張ろうという意欲が湧いてくる。プラスのエネルギーが身体にみなぎってくるのです。

「これだ！」わたしはそう、思い出しました。それまでの「鬼店長」から心を入れ替え、毎月1回、スタッフ全員とともに**「ほめる会議」**を始めました。

清掃を、誰よりも細かいところまで気づいてやってくれた人。

忙しい土日に、自ら進んでシフトに入ってくれた人。
お客様に「お冷やはいかがですか」と声をかけることで、自然とお会計を促し、お店の回転率を上げるのに貢献してくれた人――。

なるべく具体的に、その人がしてくれたことがどれほどお店の運営に寄与したか、感謝の思いとともに伝えました。

「ほめる」ことを意識すると、スタッフの見え方が変わってきました。

・お客様にラーメンを出すのは遅いけど、とても丁寧に接客してくれている
・いらっしゃいませの声は小さいけど、お客様にありったけの笑顔を見せてくれている

「悪いところ」ではなく、「良いところ」が目に入ってくるようになり、やがて、ほめるのは会議のときだけではなくなりました。

一緒に働きながら、

「今日は忙しかったけど、集中力を切らさず、よう頑張ってくれたな。ありがとう」
「あ、おしぼりのストック、補充してくれたんや。気づいてくれて、ありがとう」

などと、**普段からスタッフの良いところを見逃さず、こまめに伝える**ようにしました。

すると、どうでしょう。お店の売り上げは驚くほど伸びました。

日曜日の売り上げがなんと前年比の160パーセントを記録することもありました。

当然、ラーメンそのものはレシピもメニューも変えていません。販促もほかのお店と横並び、まったく一緒です。

そして、それから1年間、スタッフは誰ひとり辞めることなく、新しいスタッフが増えるばかりになりました。

結果が出れば、スタッフにも自信がみなぎり、より動きがよくなっていきます。

スタッフが増えれば、シフトに余裕ができ、無理なく働けるようになりますし、アルバイトの時給も上げられるようになります。

副店長にも昇級のチャンスが巡ってくるし、お店全体にプラスのエネルギーが回ってくるようになります。

そしてわたしは、「人」の力と、「ほめる」力を確信するようになりました。

「ほめる」ことが、わたしたちに力を与え、生きる喜びを与えてくれるのです。

それでは次章から、「100点のほめ方」の3アクションを解説していきます。

良いところを見て、
尊重し、共感し、ほめることで、
人は前向きになれる

第1章のまとめ

- ほめ言葉には、「感謝」「称賛」「好意」の３種類がある
- 「ありがとう」「すごいね」「好きだよ」という気持ちをほめ言葉で伝えると、人の自尊心の三大欲求（自己重要感・自己有能感・自己好感）を満たすことができる
- ほめることは、どんな人間関係でも役立つ
- ほめることは、コミュニケーションの「潤滑油」になる
- ほめることで、相手の行動が変わり、「結果」につながる

column

相手の心にまっすぐ届く「ほめ手紙」

「ほめ手紙」は、あなたとあなたの会いたい人をつないでくれる懸け橋になります。

あなたが会うきっかけをつくりたい、関係を深めたい相手に対して、「あなたの考え方に共感しています」「あなたのことを、もっと知りたいです」という思いを手紙にしたためて送ることで、まったく縁もゆかりもない相手とでも、信頼を築くきっかけをつかむことができるのです。

わたしの事例をご紹介します。

会社を起業し、「ほめ育コンサルタント」として活動を始めたころ、わたしにはまだ特定の取引先はありませんでした。裸一貫、ゼロからの出発です。

そこでわたしは、東証一部上場の企業をリストアップして、各企業の経営者へ手紙を送りました。手紙には、「ラブレター」のような気持ちをこめました。

その企業の経営理念やビジョン、顧客目線での素晴らしい点などを書き連ねたのです。

ある飲料メーカー系列のレストランには、こんな「ラブレター」を送りました。

新入社員のとき、先輩に連れて行ってもらった飲食店で、

「原くん、ビールはラガーやで！」

と言われました。どの料理とも合う独特の苦み！　それ以来大ファンです。冷蔵庫にはもちろん常備し、どの飲み会もできるだけキリンにして、みんなにもすすめています。

生産へのこだわりはもちろん、ロゴが出来たエピソードは、わたしが大好きな明治維新と関わりがあり、よく行っていた土佐稲荷神社とも縁があると知り、とても共感しました。

御社の人材面での課題を解決する支援ができれば幸いです。

そして、わたし自身の活動として、「ほめる」ことがどのように企業や社員、お客様に良い影響を与えるか、「ほめる」ことの可能性をお伝えしました。
最後に自筆の署名を入れ、経営者やその秘書の方へ、定期的に手紙を送りました。

さらに、内容を記す欄に、

「10分お時間をください。貴社の業績が上がる資料が入っています」

と書きました。
単に「パンフレット」「書類」と書いてしまえば、すぐに捨てられてしまう可能性もあります。そこで、「10分」というほんの短時間で「業績が上がる」と、相手にとってメリットになることを書き記したのです。

すると、「ほめ手紙」を送った先方の秘書や経営層の方から「詳しい話を聞きたい」と、問い合わせが来るようになりました。直接お会いしたときにも、その企業がどれほど素晴らしいか、どれほど社会に貢献しているのか、心をこめてお伝えしました。

そうした結果として、大手飲料メーカーや大手飲食チェーンとセミナー契約を結ぶことができたのです。

第2章

「ほめ下手」を「ほめ上手」に変える3アクション

ほめ方には技術がある！

ここまでは、「ほめる」ことの素晴らしさや可能性をお伝えしてきました。きっとあなたはもう、ほめたくてほめたくて、ほめられたくて、ウズウズしていることでしょう。

お待たせしました。それでは「100点のほめ方」をお伝えしていきます。

「100点のほめ方」は、技術です。技術なので、誰でも身につけることができますし、再現性があります。そのほめ方には、次の3つのアクションがあります。

【アクション1】関係性の土台をつくる

関係改善を図り、きちんと話を聞くことで、

相手が「この人にほめられたい」と思える土台をつくる

【アクション2】「ほめポイント」を見つける
……「マジック質問」で、相手が本当にほめてほしいポイントを探す

【アクション3】100点ほめ
……生き方すべてを肯定し、ほめる

この3つのアクションは、100点のほめ方に欠かせない大事な要素で、**この通りに相手をほめれば、自然と「100点のほめ方」になる**のです。

「100点のほめ方」をつくる3つのアクションとは?

【アクション1】関係性の土台をつくる

ほめる前に、まずは関係性の土台をつくります。

「あなたのことを知りたい、理解したい」という姿勢を見せましょう。

「あ、この人は自分の話を聞こうとしてくれているんだな」ということが伝われば、良い関係が築け、「ほめ言葉が効く状態」になります。

【アクション2】「ほめポイント」を見つける

次に、ほめポイントを見つけましょう。

ピントのずれたほめ方だと、ほめる効果を得られません。そこで、本章で**「ほめポイント」を探る質問、マジック質問**（P92〜詳述）をご紹介します。その質問を使って、相手が、

「本当にほめてほしいところ」

「本当に理解してほしいところ」

を見つけましょう。

【アクション3】１００点ほめ

最後は、いよいよ「１００点ほめ」です。アクション2の質問で**「相手が理解してほしいこと」**がわかったら、そのほめポイントと一緒に、相手の生き方すべてを肯定し、ほめましょう。

「まさにそこをわかってほしかった」
「わたしのことを理解してくれている」
「わたしのすべてをほめてくれるなんて……感動」

と、相手はほめられることに喜びを感じてくれます。

アクション1から3までできれば、相手の反応が面白いほど変わります。

アクション1：関係性の土台をつくる
～「ほめられたい」と思われる関係になる

あなたは、目に入ってきたことをそのまま言葉にして相手をほめていませんか？


「お若く見えますね」

「ステキなネクタイですね」

「かわいい、綺麗です」

もし相手が、

「本当はいくつだと思っているの？」

「このネクタイ、その辺にあったものを選んだだけなのに」

「かわいいと綺麗、どっち？　いいかげんな人」

といった具合に思っていれば、ほめることが、逆効果になってしまいます。

そうならないためには、どんな関係でも「相手の話をきちんと聞く」ことが重要です。


相手の話をきちんと聞く姿勢を見せることは、

「あなたに興味があります」

「あなたのことをもっと知りたい」


という意志を見せることです。

人は、「自分の話を聞き、理解しようとしてくれる人」に対して好感を持ち、信頼を寄せます。

そして世の中には、「聞く力」「傾聴力」といったテーマの本が何冊も出版されていますが、ここでは、**「ほめる」に効くもっともシンプルな「聞く技術」**をお伝えします。

「聞く」×「共通点を見つける」で相手に味方だと思ってもらう

相手の話をきちんと聞くことは、気持ちに寄り添おうとする行為です。相手の視点に立って、全力で聞かなくてはいけません。

そして「あなたの話を聞いています」という姿勢を、適切に表現することも大切です。

聞くときの基本は、「あいづち」と「うなずき」です。

相手の目を見ながら、

「そうですね」

「確かに」

というように、話に合わせてあいづちを打ち、しっかりうなずきながら聞きましょう。

そして、

「そういうときもあるよね」

「わかるよ、その気持ち」

と共感することが大切です。

ポイントは、**相手の気持ちに徹底して寄り添う**こと。


〝すべてを肯定する〟


という気持ちで聞くのです。親身になってくれる相手に対し、心の中にあるものを出し切ると、

「この人は、自分の話をきちんと聞いてくれる人だ」

「自分のことを受け入れてくれる人だ」

と感じます。

すると、自然と、

「この人にほめてもらえると嬉しいな」
「この人にほめてもらえると自信が湧いてくるな」

と思ってもらえるようになるのです。

たとえば、

「最近、仕事が減ってしまって、収入がピンチなんだよね……」

と、フリーランスの友人から相談されたとします。

こういう相談には、どっちの返事が効果的でしょうか。

「そうなんですか、大変ですね」
「そうなんですか、大変ですね。もしよかったら、詳しく聞かせてもらえませんか？

わたし自身は力になれないかもしれませんが、仕事の関係でスペシャリストの知り合いがたくさんいるので、聞いてみますよ」

きっと、後者のほうが「自分のことを親身になって、理解しようとしてくれている」と感じるのではないでしょうか。

なぜなら後者は、徹底的に相手の話を聞き、困っていることに共感しようとしているからです。さらに、その困っていることを一緒に解決したい気持ちを伝えているのです。

アクション2：「ほめポイント」を見つける
〜相手が本当にほめてほしいポイントを探す、マジック質問

相手に、

「あなたの悩みに共感したい」
「その悩みを一緒に解決したい」

という姿勢を示すことができたら、次のアクションへ移りましょう。
相手を的確にほめるためには、相手が

「自分のこういった部分を理解してほしい」
「自分なりに頑張っていることに気づいてほしい」

と考えているポイントを発見することが大切です。

上っ面や見た目ではなく、相手の思いや考え方を理解した上で、相手が「本当にほめてほしいこと」をほめるのです。

マジック質問とは、相手の本音を引き出すことに特化した、次の3つの質問を指します。

- **好きなことは？**
- **継続していることは？**
- **大切にしていることは？**

なぜこの3つを聞くのが有効なのか？

それは、この3つに**「相手の大切にしている価値観」**がはっきりと表れるからです。

次頁から、同じ会社の同僚であるAさん・Bさんの例を交えて、マジック質問を解説していきます。

マジック質問1：「好きなこと」を聞く

「好きなこと」を聞くと、その人の「本来の性格」がよくわかります。

なぜなら、何かを好きになるのに、特別な理由がないことも多いからです。好きなことを聞くことによって、幼少期のときに自然に表現できていた、本来の性格を知ることができるのです。

しかも好きなことを聞くと、自然と相手の笑顔が増え、会話が弾むというメリットもあります。

あなたにも思い当たる経験があるのではないでしょうか。

友人や家族に、自分の好きなアーティストや映画などについて話していると、あっという間に時間が過ぎていたことが……。

多くの人は「自分が好きなこと」について話していると、自然と心がほぐれ、楽しい気持ちになります。

すると、

「この人と話していると、楽しい」
「この人はわたしのことを知ろうとしてくれている」
というポジティブな感情が生まれてくるのです。

この質問を通じて信頼関係を築くには、さらに深掘りすることが大切です。なぜ好きなのか？　どんなことが特に好きなのか？　次の会話のように、どんどん聞いていきましょう。

では、具体例をご紹介します。
Aさんがマジック質問をする側、Bさんがマジック質問をされる側の会話です。

A「ところでBさんって、好きなことはなんですか？」
B「実は山登りが好きなんです」

A「そうなんですね！　山登りのどんなところが好きなんですか？」

B「山登りっていっても、半日で登れる山とかが多いんですが、運動にもなるし、達成感もあります。実は、下山した後のビールがメインだったりして（笑）」

A「え〜！　そうなんですね、楽しそうです！　わたしでも登れそうな山ってありますか？登りたくなってきました。学生時代以来だけど、大丈夫かな」

B「それなら、一度一緒に行きませんか？　わたしの友人たちも喜ぶと思いますよ。年配の方もいるので、ゆっくりなペースでも大丈夫です」

【Bさんについてわかったこと】

・山登りが好き

・運動した後のビールが好き

・気兼ねなく友人を紹介する性格

マジック質問2：「継続していること」を聞く

「継続していること」を聞くと、相手の「過去から現在までの生き方」がわかります。

何かを続ける過程で、失敗したり、くじけそうになったりすることもあるでしょう。そんなときに、どう乗り越えてきたのか？　なぜ頑張れたのか？　そもそも、なぜ続けようと思っているのか？

そうした質問をすることで、ほめポイントが見つかります。

「好きなこと」を聞くときと同じように、「なぜ」「何」を駆使して質問をしてみましょう。

Aさんがマジック質問をする側、Bさんがマジック質問をされる側の会話です。

A「Bさんって継続していることはなんですか？」
B「毎日、英語の勉強は続けています。なかなか上達しないんですけどね」
A「そうなんですね。遅くまで仕事しているのに、すごいですね。なぜ英語の勉強を？」
B「実は、社会人向けのMBAに通いたいと思っていて、小論文のテストがあるんです。

論文も英語なので、英語が必要なんです」

A「ますます頭が下がります。すごいなあ。継続する原動力ってなんですか？」

B「どうしても、書きたい論文があるんですよ。なんかあきらめきれなくてね」

【Bさんについてわかったこと】

・英語の勉強を続けていること
・MBAに通いたいと思っていること
・あきらめきれない理由があること

マジック質問3：「大切にしていること」を聞く

「大切にしていること」を聞くと、その人の「価値観」に触れられます。

仕事やプライベートに限らず、大きな視野で質問をすると、相手の生きる姿勢をつかむきっかけも得られます。

A「Bさんって、大切にしていることや、大切にしてきたことはありますか？」

B「いざ聞かれると、いろいろあるけど……なんだろう？　あっ！　ブログを書いて自分の考えを整理することを大切にしています。日常に忙殺され、自分が何者かわからなくなるのは、嫌なんですよ」
A「そうなんですね。忙しい毎日ですもんね。どんなことをブログに書くんですか？」
B「そのとき、そのときで違うのですが、自分の心境を言葉にして残しておきたいんです。あとで一つひとつの出来事を鮮明に思い出したいタイプなんです」
A「なるほど！　確かに忙殺されて、思い出せないことって多いですもんね。わたしもやってみようかな」
B「とても簡単ですよ。いつでも教えますよ」

【Bさんについてわかったこと】
・自分の考えをしっかり持っていること
・一つひとつの思い出を大切にしたい人
・気軽にブログのやり方を教えてくれる

マジック質問で、相手との距離がグッと縮まる

Bさんについて、こんな価値観が浮き彫りになってきました。

・山登りが好き
・運動した後のビールが好き
・気兼ねなく友人を紹介する性格
・英語の勉強を続けていること
・MBAに通いたいと思っていること
・あきらめきれない理由があること
・自分の考えをしっかり持っていること
・一つひとつの思い出を大切にしたい人
・気軽にブログのやり方を教えてくれる

この情報をもとに、会話が膨らみそうなこと、もっと突っ込んだ質問をしてみたいこと、

一緒にしてみたいことを今後の話題にしていくのです。

そして、楽しい思い出を積み重ねていくと、良い関係になっていきます。

マジック質問の内容を深めるコツ

①話題を少しズラしてみる

マジック質問をして返ってきた答えに、あまり同意できない場合もあるはずです。

あまり同意できないような考え方でも、話題の角度を変えたり、少しズラしてみたりすると、相手の考え方に納得できるようになることもあります。

たとえば、「ピアノを弾くのが好きなんだけど、勉強が嫌い」という子どもがいたとします。大人からすると、

「ピアノを弾くのもいいけど、しっかり勉強はしなきゃ、大人になってから困るよ」

と諭したくなるかもしれません。けれどもその気持ちをグッと抑えて、まずはこう伝えて、

相手の考えを受け止めてみてください。


「そうなんだ、わかるよ。

ピアノってどうやって音が鳴るか知ってる？

そして、いつ生まれたのか？

ショパンやバッハが曲を作った時代のことを知ってる？

数学や力学、歴史などを勉強すると、ピアノがどうやって音を鳴らして、どこで生まれて、彼らがなんでこれらの曲をつくったのかがわかって、もっとピアノを好きになるかも。

勉強って、自分が好きなことをさらに好きにさせてくれるんだよ」


「好き」を深掘りしていくと、すべての科目につながっていることをそっと教えてあげるのもいいですね。

②「新しいね」と受け入れてみる

相手が好きなこと、継続してきたこと、大切にしていることに、あなたがまったく興味を持てないこともあるでしょう。

しかし、あわてる必要はありません。少しだけでも理解し、共感できる方法があります。


まず前提として、「人生は十人十色」です。

相手はあなたと違った環境で生まれ育ち、暮らしてきた人。だから、まったく相いれない考え方を持っていても、不思議ではないと思ってみてください。

そして、**興味が持てなくてもすべて「新しいね」と受け入れてみましょう**。

「新しい」というのは、あなたがまったく考えもつかず、思いがけなかった、ということです。「新しい」と受け入れてみると、「確かにそうだな」と心から思えるのではないでしょうか。すると、次のように質問を深める発想につながります。


「どこからその発想になったの？　すごいアイデアだね」

「発想方法や、出元は何？　○○君のような新しい発想が、これからの時代本当に必要だよね」

③エピソードや思い出について聞いてみる

マジック質問をして返ってきた答えを、深掘りできそうにないときもあるでしょう。「次の質問が浮かばない……」というときは、その答えにまつわるエピソードや思い出について聞いてみるのもひとつの手段です。

たとえば、次のようなフレーズを活用してみてください。

「その話にまつわる印象的なエピソード、教えてほしいな」

「あなたにとって、その出来事はどんな思い出なの？」

このように、**具体的なエピソードや思い出について聞くことで、なぜ相手のいまの考え方や人柄が形づくられたのか、本質にたどり着く**こともあります。

アクション３：１００点ほめ
～相手の生き方をすべて肯定する

ここまでは、人間関係を構築し、ほめる材料の集め方をお伝えしました。

いよいよ１００点ほめです。**１００点を目指すなら、生き方すべてを肯定し、ほめます。**

生き方をすべて肯定するときは、**「過去」と「現在」と「未来」、「その人の人生において大切な人」や「乗り越えてきた困難」**などをその人の半生を振り返るような気持ちで、**丁寧にほめていく**のです。

日本人はほめられると、

「いや、わたしなんて」

と遠慮してしまいます。

だから、**相手の遠慮を跳ねのけるためにも、現在だけではなく、相手の過去と未来、その人の人生において大切な人や乗り越えてきた困難など、その人のすべてをほめる**ことで「遠慮」できなくしてしまうのです。

たとえば、わたしの友人の経営者T社長は、ドラマや映画制作などの仕事をしています。

あるときわたしは、こんな言葉をかけました。

「Tさんって、よくこのビジネス見つけましたね、この切り口は本当すごい。みんな言っていますよ。ニッチに特化することが経営のセオリーですが、このビジネスで年商10億作るのは、すごいです」

Tさんは

「いや、そんなことないですよ」

と照れくさそうに答えました。それでもわたしは、こう続けます。

「よく、このビジネスモデルをつくりましたね。ゼロから人脈、サービス内容、業界で一目置かれる存在になるには、相当の努力や半端ない気配り、そして生まれ持ってのビジネスセンスもあったのだと思います。そして、社員さんがとても良い人ばかり、社員を見れば社長がわかるといいますが、これから本当に楽しみですね」

このように、**現在の状況だけではなく、相手の過去や乗り越えてきた困難まで、すべてを肯定し、ほめる**と、その迫力に納得してくれます。

「100点のほめ方」を成功させるコツ

相手のことを「きちんと聞く」ためには「質問」だけでなく、雰囲気づくりのためのテクニックも重要です。3アクションを実践するとき、次の**「人の心をつかむ仕草」**を行うと、相手がさらに進んで話をしてくれるようになります。

相手が進んで話をしてくれる人の心をつかむ仕草

①笑顔

「なぁんだ」と思われるかもしれませんが、相手の話を聞くときは、必ず笑顔を意識してください。

笑顔には、いくつか種類があります。

『100点のほめ方』
ご購入 5大特典

① 月刊誌『商業界』25ページ特集PDF

② ほめ育実践ツール「ほめシート」
（フォーマット・書き方PDF）

③ 代表 原 邦雄 セミナー映像
「ほめ育のルーツ」とは㊙初公開

④ ほめ育 子育て10箇条 PDF

⑤ zoom 個別コンサル 半額

ほめ育

特典申込QRコード

5大特典の
お申し込みはこちら

※本特典は、予告なく変更・終了する場合があります。

『100点のほめ方』と同時期発売

鈴木 秀子×原 邦雄　共著

『なぜ、私たちは新型コロナウイルスを与えられたのか？』

出版社　英智舎

シスター 鈴木 秀子　プロフィール

東京大学人文科学研究科博士課程修了。文学博士。

フランス、イタリアに留学。ハワイ大学、スタンフォード大学で教鞭をとる。

聖心女子大学教授（日本近代文学）を経て、国際コミュニオン学会名誉会長。

聖心女子大学キリスト教文化研究所研究員・聖心会会員。文学療法、ゲシュタルト・セラピスト。

日本ではじめてエニアグラムを紹介。全国および海外からの招聘、要望に応えて、「人生の意味」を聴衆とともに考える講演会・ワークショップで、さまざまな指導に当たっている。

購入お申込み

ほめ育のルーツが全て載っています！
定価：1,400円（税別）＋送料
ISBN 978- 4-910165-02-8

ご購入特典

特別対談音声〈鈴木 秀子×原 邦雄〉
ダウンロードプレゼント

お問合せ先

株式会社スパイラルアップ
〒542-0082 大阪市中央区島之内 1-13-28
電話：06-6281-1226　FAX：06-6282-0260

・**ニコニコ顔**……頬が上がり、自然と目も細くなる笑顔
・**微笑み**………口を軽くキュッと結び、口角を上げる笑顔
・**爆笑**…………オーバーリアクション気味に、大声で笑う顔

などなど……。

基本は「ニコニコ顔」です。あとは状況に応じて「微笑み」や「爆笑」を活用してください。

たとえば、相手が経営者や管理職だと、緊張する方も多いでしょう。
そんな場合は「頬笑み」で大丈夫です。無理にニコニコ顔をつくる必要はありません。
優しい顔、穏やかな口調を意識してください。

そして相手が、明らかに笑いにつなげているなと感じる場合は、爆笑すればいいのです。
大声を出すほどに笑うことで、関係性が良くなることも多々あります。

笑顔が苦手だという方は、朝、顔を洗うとき、夜、歯を磨くとき、**鏡に向かって口角を上げて、笑顔の練習を習慣化**してみましょう。

わたしは家や会社の鏡に「笑顔製造器」とシールを貼っていたときがありました。鏡の用途を身だしなみを整えるためだけでなく、「笑顔をつくる器械」と考えたのです。

②目を見る

昔から「目は口ほどに物を言う」といいます。

アイコンタクトには、相手に好意や信頼を伝える力があります。

つまり**「目を見る」**ことは、次のメッセージを態度で示すことです。

- **あなたの話を聞いています**
- **あなたを理解しようとしています**

ただし、あまりにじっと見つめすぎると、相手が圧迫感を覚えることもあります。

だから、ときにはメモを取ったり、手元の資料を見たりして視線を外し、お互いにとって心地良い距離感を保ちましょう。

③オウム返し

会話をする際、

「質問がとっさに思い浮かばない」
「何を聞いたらいいかわからない」

といったこともよくあるでしょう。そんなときは、**相手が言ったことを、そのままオウム返し**してみることもいい方法です。

たとえば、「最近、若手社員が何を考えているか、わからないんです」と言われたとします。そのときは、こう返します。

「そうなんですね。確かに、若手社員は何を考えているかわからないですね」

すると相手は、「自分の言った言葉を理解してもらえている」と安心して、そのまま話の続きをしてくれるはずです。

ある心理学の研究によれば、**姿勢や仕草、声のトーンを相手に近づけると、相手はその人に信頼を抱きやすくなる**といいます。

そして相手が話した内容を、そのまま自分の言葉として返答すると、「この人は、自分の言うことを真剣に聞いてくれている」とポジティブな印象を抱くのです。

「上司にすごく怒られてしまって……明日仕事行きたくないなぁ」

と同僚から言われたら、無理にアドバイスを絞り出す必要はありません。まずは、

「そんなに怒られたんだ。確かに会社へ行くのが嫌になるよね」

とオウム返しにしてみることが、次の会話につなげるための第一歩。そして、お互いの関係を深めるためのきっかけになります。

④メモを取る

話を聞きながら、メモを取るのもおすすめの方法です。

情報を「見える化」することで、考えを整理することができます。解決法が見えることもあるでしょう。

そしてメモは、自分だけのために取るものではありません。

メモを取りながら話を聞くと、相手は「この人は、自分の話を真剣に聞いてくれている」と安心し、「自分が悩んでいることを、親身になってアドバイスしてくれるかもしれない」という期待感を抱きます。

たとえば、あなたが上司との定例面談に臨むとき、上司がペンも資料も持たず、あなたの報告をただ聞いているだけだったらどうでしょう。

「結局、後で要点をメールしなきゃいけないのか」
「うんうんうなずいているけど、本当にわかってる？」

と、不信感を抱くのではないでしょうか。

あなたの目を見ながら、手元でメモを取り、「要するに、これはこう、これはこういうことだよな？」と尋ねてくれる上司なら、きっと「自分のことを真剣に考えてくれているんだな」と感じるでしょう。

このように、「メモを取る」ことで示されるのは、「聞く姿勢」なのです。

これらの仕草は、あくまでも基本的な動作です。

相手との関係性や距離感を測りながら、人の心をつかむ仕草を臨機応変に組み合わせ、

相手に対して一貫して

「きちんと話を聞いています」

「あなたを理解しようとしています」

という姿勢を示してください。そうすれば、相手の心は少しずつほぐれて、喜んで自分から話をしてくれるようになるでしょう。

現在の状況だけでなく、
相手の過去や
乗り越えてきた困難まで、
すべてを肯定し、ほめる

「100点のほめ方」をつくる3つのアクションは、瞬発力に頼らず、手順通り実践する

「100点のほめ方」をつくる3つのアクションは、どんな人やどんな場面、どんな状況に対しても、応用することができます。

ただ、応用するためには、基本を身につけることが重要です。

まずは、この3つのアクションを手順通りに、さまざまな人との会話で意識して使ってみてください。

はじめのうちは、頭の中でこの3つのアクションが定まりきっていないため、「あれ、次に何を聞けばいいいんだっけ」と頭が真っ白になってしまうかもしれません。

それなら、手帳など普段よく目にする場所にこの3つのアクションを書き出して、何度

か口の中で唱えてみてもいいでしょう。

とにかく、これを基本の3つのアクションとして、身につけることが最初のゴールです。

相手を俯瞰した目線で理解する

3つのアクションを通じて、相手の考え方や価値観を理解し、共感しようとする際、「相手を俯瞰した目線になる」ことは、相手を理解する大きな一歩になります。

相手が好きなこと、継続してきたこと、大切にしてきたことを

「わたしも好きになろう」

「わたしもやってみよう」

と考えることは、少しハードルが高いように感じるかもしれません。

あなたと相手はそれぞれ違う人間ですから、完全に同じ目線になって、思いを一致させ

たり、完璧に共感したりすることは難しいものです。

しかし、

「相手が好きなことを、わたしは尊重しよう」

「相手が大切にしてきたことを、わたしも大切にしてみよう」

と考えることなら、きっとできるのではないでしょうか。

イメージするなら、「ドキュメンタリー番組のナレーター」みたいな感覚です。相手を俯瞰して眺めながら、

「○○は地道にこれを続けてきた。それは、誰にも真似できないことだ」

「○○はそのとき、楽しそうに○○について話していた。

それほど没頭できることを見つけるのは、そうたやすいことではない」

……といったように。そうすればきっと、相手が好きなこと、続けてきたこと、大切にし

ていること自体を、完全には理解できなくても、「なるほど、面白い部分があるんだな」「こういう考え方がステキだな」と思えるのではないでしょうか。

一人ひとり、生きてきたストーリーは違います。そのストーリーを彩るのは、ほめる側の視点次第なのです。

第２章のまとめ

- 「１００点のほめ方」をつくる3アクション
【アクション１】関係性の土台をつくる
【アクション２】「ほめポイント」を見つける
【アクション３】１００点ほめ
- ほめるためには、「聞く」を大切にして、相手のことを知る
- 相手を知れば、自分との共通点を探せるので、その共通点から「ほめポイント」を探す
- 相手への理解を深める３つのマジック質問
【マジック質問１】「好きなこと」を聞く
【マジック質問２】「継続していること」を聞く
【マジック質問３】「大切にしていること」を聞く
- 相手が進んで話をしてくれる人の心をつかむ仕草
①笑顔　②目を見る　③オウム返し　④メモを取る
- 「１００点のほめ方」をつくる3アクションは、手順通りに丁寧に実践する

column

相手の心を満たす「ほめシート」

直接ほめ言葉を言うのは、なんだか気恥ずかしい……。家族や友人はまだしも、会社の部下や同僚など、普段、あまりほめ合うことのなかった人に対して、その気持ちを伝えることは、難しいのも確かです。

そんなときに活躍するのが、「ほめシート」です。

ほめシートなら、面と向かって言いにくい言葉でも、落ち着いて素直に書くことができます。とっさには思い浮かばなくても、後から思い返すことで「ほめること」「感謝したいこと」を伝えることができるのです。

「ほめシート」は、第1章でも解説した、人の自尊心を満たすための三大欲求、

・「ありがとう」欲求（自己重要感）……自分を大切な存在として認めてほしい
・「すごいね」欲求（自己有能感）……自分を有能な人として認めてほしい
・「好きだよ」欲求（自己好感）……ほかの誰かに好かれたい

この3つを満たせるように、Ａ４シート1枚に、「ありがとう」か「成長・すごい・好感」のどちらかひとつを50文字以上記入できるようになっています。

そしてもうひとつ。相手に対してこれから期待していることを、「来月・将来」に分けて、具体的に記入しましょう。

ほめシートを書くとき、はじめのうちは相手のほめるところが思い浮かばず、50文字も書けないかもしれません。けれどもまずは**【アクション1】関係性の土台をつくる**と、**【アクション2】「ほめポイント」を見つける**を参考に、相手のことをよく観察し、会話をしてみてください。すると、少しずつほめ言葉が増えてくるはずです。

ほめシートの活用方法はさまざまです。

とある会社では、毎月1回の「ほめる会議」のときに店長がほめシートを読み上げて、スタッフへ手渡しし、周りのみんなは拍手するようにしています。

はじめのうちは照れくさがる人が多かったようですが、その習慣が定着したら、涙ぐむ方もいるようです。

ほかの会社では、ほめシートをバックヤードに貼り出したり、給与明細に入れたりしているところもあります。

わたしも部下たちへ毎月ほめシートを贈っているだけでなく、2、3か月に1回ほど、妻にも渡しています。

ほめシートは、会社だけでなく、家族や大切な人に対しても活用できるものです。

思いを形にすること。

言いそびれたほめ言葉や感謝の言葉は、後悔につながるといいます。人生は一瞬ですから、ほめシートを渡してみてほしいのです。

第２章　column

相手の心を満たす「ほめシート」

ここがGOOD!!

ほめシート

年　　月　　日

＿＿＿＿＿＿＿＿＿＿へ　＿＿＿＿＿＿＿＿＿＿より

ありがとう

具体的にイメージが伝わるように、50文字以上

成長したなぁ・すごいなぁ・好感が持てる

この中から一つ　50文字以上

期待していること

・来月クリアしてほしい

・将来的に、こうなってほしい

第3章

こじれた人間関係が、劇的に変わった事例

エピソードでわかる「100点のほめ方」

いよいよ実践に移ります。さまざまなケースを想定して、6通りの「レベルアップストーリー」を用意しました。

【アクション1】関係性の土台をつくる

関係改善を図り、きちんと話を聞くことで、相手が「この人にほめられたい」と思える土台をつくる

【アクション2】「ほめポイント」を見つける

「マジック質問」で、相手が本当にほめてほしいポイントを探す

【アクション3】100点ほめ

……………………生き方すべてを肯定し、ほめる

第2章でお伝えした「3つのアクション」に沿って、「100点のほめ方」をご紹介します。

事例1：取引先との商談

わたしの会社と取引先A社の話です。

A社は、海外に本社を置くファッションブランドです。洗練されたライフスタイルと一緒にファッションを打ち出し、20～30代女性に大変人気があります。店舗内に雑貨スペースやカフェを併設し、全国各地へ積極的に出店しようとしているところでした。

わたしの著書を読んだA社の人事部長から、研修に興味があると問い合わせがあり、営業担当が出向きました。ところが、うまくニーズを引き出すことができません。弊社のアピールをするばかりで、逆に不信感を抱かれてしまいました。

窓口になっていた人事担当者Uさんは、

「本当にこの会社に任せて、大丈夫なの？
契約を考えていたけど、いったん白紙に戻したほうがいいかもしれない」
と、疑心暗鬼になっています。
そこで、わたしが別の営業担当を連れて、一緒に訪問することになったのです。

アクション1：関係性の土台をつくる

ここからは、わたしと取引先の担当者Uさんの会話を交えながら解説します。

まずは関係性を築くための第一歩として、期待に応えられていなかったことを謝り、一から聞く姿勢を示しました。

原「せっかく興味を持っていただき、時間をいただいたにもかかわらず、前の担当者が課題をヒアリングできずに申し訳ございませんでした。今日はわたしがしっかりヒアリングしますので、ご安心ください。お時間いただき、ありがとうございます」

そして、**「どんなことで悩んでいるのか」「そもそも、いまどういう状況なのか」をきちんと聞く**ことから始めました。

原「前回と重複する部分があるかもしれませんが、改めて貴社の課題をお伺いしてもよろしいでしょうか？」

U「当社はいま出店ラッシュで、今年はあと6店舗オープンする予定です。ところが人材育成が追いつかず、特に店長クラスが十分に育っていません。店長に各店舗のスタッフの教育を任せたいのですが、十分な教育ができておらず、店舗の接客レベルが落ちてしまっている状態です。いま、ブランドに大きな注目が集まり、たくさんのお客様にお越しいただいているのですが、お客様に満足いただける接客ができていないんです」

ここからは、**「オウム返し」や「おっしゃる通りです」といった共感の言葉をはさみながら、内容を深掘り**していきます。

原「今年だけで6店舗オープンですか。それは大変ですね。
新店舗をどんどん出すと、確かに人材の確保、そして教育も大変だと思います。
人材研修はたくさんあるなか、当社の研修に興味を持った理由は何でしょうか？」

U「うちのマネジメント層はどうも、『ほめる』ことが苦手なんです。
毎月、営業会議を行っているのですが、営業部長が特に厳しくて……。
成果を出せずに伸び悩んでいる若手を『やる気がないのか！』と怒鳴るんです。
でも、いまの若者はそんな言い方ではかえって萎縮しますし、
実際にやる気を失っているスタッフもいて」

原「おっしゃる通りです。若者の多くは叱られることに慣れていません。
叱ってばかりだと、きっと退職者も出てくるでしょう。
営業部長さんは、いつも営業会議で怒鳴っていらっしゃるのですか？」

U「そうですね、毎回のように怒っています。先日は30分もの間、名指しでずっと部下を叱咤していました。怒られた本人はもちろんのこと、周りのスタッフもすっかりモチベーションが下がって、『もう辞めたい』と言う人も出てきています」

相手がいま直面している課題や問題について、十分に引き出すことができました。Uさんも、「この人は、わたしの話をきちんと聞いてくれるな」と感じています。

アクション２：「ほめポイント」を見つける

このアクションでは、会社についての話題はいったん置いておいて、個人的なことに踏み込むためにマジック質問を投げかけます。個人的な話を通してコミュニケーションをとることで、関係が深まり、仕事がより円滑に進むようになるからです。

【マジック質問】

①好きなことは？
②継続していることは？
③何を大切にしている？

まずは、「①好きなことは？」を質問します。

原「Uさんは、仕事に対してすごく前向きに取り組んでおられるように感じます。
　この仕事はやり甲斐があるなとか、好きだなと思うことはなんですか？」
U「わたしの好きなこと……そうですね、やはり洋服です。
　特に、当社のブランドの洋服が大好きなんです。
　バッグもいくつ持っていても、つい買ってしまいます」
原「それなら、まさに『好きなことを仕事にした』のですね。
　世の中で、好きなことを仕事につなげられる人は少ないですから、
　本当に素晴らしいですね」

ファッションが好きと答えたUさんでしたが、わたし自身はあいにく、ファッションにはあまり詳しくありません。無理にファッションの話をするのではなく、「好きなことを仕事にする」という切り口で、あいづちを打ちました。

次は、「②継続していることは？」を質問します。


原「Uさんは、何か継続していることはありますか？」

U「この仕事自体、始めてもう15年経ちます。

　人事畑でずっと働いてきて、採用基準はもちろん、人事考課制度や表彰制度なども、すべて一から構築してきました」

原「すごいですね！　採用や人事考課などは、まさに経営の根幹を成します。

　急成長している組織をまとめ、新しい人を採用しながら、教育していく……、
　想像もつかないぐらい大変なことだと思います」


強い共感を示し、次のように質問を重ねました。

原「ところで人事部門は、どのような体制なんですか？」
U「実は、わたしともうひとりの2人体制なんです」

「実は」というワードは、相手の本音を示します。
このワードが引き出せたタイミングを、**【アクション1】関係性の土台をつくる**と**【アクション2】ほめポイントを見つける**が達成された目安としてみてください。

アクション3：100点ほめ

そこでわたしは、Uさんが「実は……」と打ち明けてくれたことに、「100点のほめ方」で返しました。

原「えっ、2人体制なんですか？
御社の規模をその体制で回すなんて、なかなかできることではありませんよ。
どうやってタイムマネジメントされているのか、本当に不思議です。
よく2人で、急成長するブランドの人事を支えていらっしゃいますね。

それだけ膨大な仕事量をこなしていて、その大変さを周りに見せないですもんね。まさに、プロの仕事です。本当にすごいです。

企業経営の〝肝〟である人事を15年以上続けてこられ、いろいろなご苦労を乗り越えてきた〝芯〟がUさんにはありますね。

その芯は、Uさんの〝生き方〟そのもののような気がします。

会話の節々に、『少しでも成長してほしい』という愛と情熱を感じます」

相手が取り組んできたことを認め、すべてを肯定する気持ちで、「100点のほめ方」を伝えます。するとUさんは本当に嬉しそうに、こう答えてくれました。

U「わかってもらえます？　そうなんですよ、本当に大変で。

しかも、もうひとりのスタッフはまだ実務を始めて間もないので、なかなか全部任せるわけにもいかなくて。

でも、原さんにほめてもらったから、当分頑張れますよ」

Uさんは少し恥ずかしそうに、でも誇らしげに、笑みを浮かべていました。

結果的にこの取引先からは正式に発注を受け、マネジメント層と全社員に対するセミナーを開催することとなりました。セミナーももちろん大成功。

この会社のブランドは人気を集め、全国で10店舗以上に展開しています。

100点のほめ方のポイント

- **まずは関係性を築くための第一歩として、一から話聞く姿勢を示す**
- **「どんなことで悩んでいるのか」「そもそも、いまどういう状況なのか」をきちんと聞く**
- **共感の言葉をはさみながら、内容を深掘りする**
- **個人的なことに踏みこむためにマジック質問を投げかける**
- **まずは、「①好きなことは？」を質問し、次に「②継続していることは？」を聞く**
- **「実は」というワードは、相手の本音を示すので聞き漏らさないようにする**
- **仕事の大変さに共感するだけでなく、その根底にある「信念」や「生き方」をすべて肯定するほめ言葉を伝える**

事例2：部下とのやりとり

わたしと部下とのストーリーです。

Yさんは、わたしの秘書として入社しました。最初はお互いにギクシャクした関係。

わたしはYさんに、

「これ、やっといて」

「あれ、どうなってた？」

と、矢継ぎ早に淡々と、指示や質問を繰り返すばかり。Yさんは Yさんで、

「はい、わかりました」

と返事はするものの、表情はどこか不服そう。わたしも不信感を持っていましたが、出張が多いために直接話をする機会も少なく、コミュニケーションはすれ違ったままでした。

アクション1：関係性の土台をつくる

ここからは、わたしと秘書Yさんの会話を交えながら解説します。

Yさんはわたしに不信感を抱いている状態ですから、まずはもつれた糸をほぐすことが重要です。ここでのポイントは、**自分の悪い点を心から謝りつつ、「働きやすい環境を一緒につくっていきたい」という思いを伝えること**です。

原「入社して間もないから、わからないことも多いと思う。

わたしはこまめに教えるのが苦手なので、仕事も進めにくかっただろう。悪かった。

これからもっと働きやすい環境を一緒につくっていきたいから、

気づいたことを指摘してくれないかな？」

わたし自身が直すべき点は直す、だからYさんにも歩み寄ってもらいたい……その気持ちを**「一緒に」**という言葉で表現したのです。

するとYさんは、こう答えました。

Y「せっかく入社させてもらったので、頑張りたい気持ちはあるんですけど、原さんの口調や態度を見ていると、わたしのことを信用していないのではと思ってしまうんです。だから、悲しくなるしやる気も出なくて……。
しかも、仕事に取りかかろうとすると、『そっちより、あっち優先して』とか、言うこともコロコロ変わるし。そういうの、なんとかしてほしいです」

わたしは、

「思いつくままに仕事を頼み、振り回していたんだ。悪いことをした」

「自分の考えている以上に、気分が態度にも出てしまっていたんだな」

と心底反省しました。そして、Yさんとの関係性を良くするためには、自分自身の働き方を見直すことが必要だと判断したのです。

まず行ったのは、業務の棚卸しです。どの業務を切り出してYさんに秘書業務としてお願いするのか、きちんと整理しました。

次に行ったのが、わたしの予定の共有です。わたしがどんなタイムスケジュールで動いているのか、仕事もプライベートの予定もすべてオープンにし、クラウドのカレンダー機能で共有することにしました。

そして、Yさんに対してお願いしたいことを、箇条書きのリストにして毎日メッセージで送ることにしました。

「毎日、『やるべきリスト／やったことリスト』を更新して、わからなかったことや、つまづいたことはなんでも教えてほしい」

と、伝えました。

Yさんからは言い出しにくいことを、毎日のルーティンに取り入れて、気兼ねなく伝えられるような仕組みにしようと考えたのです。

しかも、Yさんが手間取ってなかなか仕事が進んでいなくても、

「教えてくれて、ありがとう」

「正直に報告してくれて、ありがとう」

このように、**必ず「ありがとう」の言葉を添える**ことにしました。

すると、始業時間と終業時間に「やるべきリスト／やったことリスト」が送られてくるだけでなく、ちょっとした疑問があればすぐに「フェイスブックメッセンジャー」で質問が飛んでくるようになりました。

「さっき、メールの返信をやっておいて、とおっしゃっていましたけど、昨日頼まれたセミナー準備もまだ手をつけてないんです。どっちの優先順位が高いですか？」

「先ほどお客様から電話があってこのように伝えられたんですけど、どうすればいいですか？」

といった質問です。

その都度、丁寧に回答をしているうち、1日平均で20通前後はメッセージをやりとりするようになりました。

もちろんお互いに意見を交換しやすくなりましたし、仕事の合間にくだらない笑い話をするようになりました。気づけば、プライベートな話題も共有できるようになったのです。

アクション2：「ほめポイント」を見つける

ある日、わたしはYさんに**マジック質問**をしました。

原**「Yさんの好きなことって、何なん？」**

そう、①の質問です。するとYさんはこう答えました。

Y「わたし、ミスチル（Mr.Children）が好きなんです。
ライブにもよく行ってたんですけど、最近はチケットも取れないし、
忙しいからなかなか行けなくて」

原「ミスチルが好きなんや。
僕は山崎まさよしが好きで、ライブに行くと、ホンマ力をもらえるよね。
だから、Yさんも遠慮しないで、チケットが取れたらライブに行ってきてな。
いま、Yさんに任せてるのは、もともと僕がやってた業務やから、
めっちゃ大変なのはわかる。
でも最近、スケジュール管理もしっかりしてくれるし、
出張の手配に研修資料の作成……僕の考えている以上に頑張ってくれているよ。

本当にありがとう。
だから、プライベートの時間もしっかり取れるよう、僕もフォローするし、ミスチルのライブのチケットが当たったら、ぜひ行ってきてね」

すると、Yさんの顔はみるみるほころんで、こう話してくれました。

Y「実は、ちょうど来週からチケット予約が始まるところで、悩んでたんです。
ライブが当たったら、きっとその日は会社を早退させてもらわないと、開演時刻に間に合わなさそうなので、原さんにお願いしようか、でも最近忙しそうだからな……と遠慮していて。
そうおっしゃってくださって、本当にありがたいです」

そう言って、心から喜んでいました。

ここでのポイントは、**相手の好きなことを尊重しながら、「話題を少しズラしてみる」**

ことで、自分との共通点（＝ライブが好き）をつくったことです。

そして、**相手の頑張りを認めながら、「相手が相談したいこと、希望」を先回りで想像して、その気持ちを後押しする言葉をかけた**のです。

アクション３：１００点ほめ

ここまできたら、**アクション３の「１００点ほめ」を毎日のルーティンに取り入れるだけ**です。Ｙさんは秘書業務に慣れてきたこともあって、日々やりとりする「やるべきリスト／やったことリスト」の項目がどんどん増えてきました。わたしに対するメッセージも、

「ＡとＢなら、Ａのほうが優先順位も高いと思うので、こっちをやっておきますね」

と、これまでの経験を踏まえて自ら判断できるようになり、仕事の処理能力も飛躍的に伸びていきました。わたしは、そんなＹさんの仕事をいつも１００点ほめしています。

原「えっ、今日だけでこんなにタスクをこなせたの？

僕自身もやってたからわかるけど、すごい。

いつも本当にありがとう。Yさんが頑張ってくれてるから、
僕は講演やコンサルティングに集中できているよ。

いつも、Yさんの存在に支えられてる。

前から言おうと思っていたけれど、
Yさんの誠実さやきっちり作業を最後までやり切る姿勢は、ご両親をはじめ育ってきた環境が良かったのだと思うし、社会人になってからもいろいろな種類の仕事をして、そのときそのときにしっかり経験してきたことが、いま生きているよね。

でも、根をつめすぎず、たまにはちゃんと休んでね」


と、感情をこめて本心でほめ、頑張りすぎる傾向があるので注意することも忘れませんでした。いままでは、わたしの仕事をサポートしてくれるだけでなく、会社の今後を見据えたうえで採用戦略を相談したり、新たに提供するプログラムの考案にも関わってくれたりするようになりました。そしてYさんは、わたし以上に相手の気持ちを先回りで想像し、言

葉をかけられるほど、頼もしく成長しました。

わたしが早朝、始発の新幹線で移動して、9時の始業時間に電話をかけたときです。

「社長、今日は朝から移動でしたよね。お疲れさまです。お変わりないですか?」

こう声をかけてくれたときには、思わず胸が熱くなってしまいました。わたしも、

「さすがにちょっと疲れ気味やわ。ありがとう。Yさんも、休憩はしっかりとってな。後ほど、電話で資料の確認をしましょう。今日もよろしく!」

と、少し弱音を吐けるほど、お互いに思いやり、本音で話し合えるような関係性を築くことができたのです。

１００点のほめ方のポイント

・自分の悪い点を心から謝りつつ、ビジョンやタスクを共有する
・提案するときは、「一緒に」ということを強調する
・関係性の土台をつくるために、「ありがとう」を常に伝えるようにする
・相手の「好きなこと」から、自分との「共通点」を探す
・相手の頑張りを認めながら、「相手が相談したいこと、希望」を先回りで想像して、その気持ちを後押しする言葉をかける
・１００点ほめでは、ほめたことに対して、その人のおかげで自分がどう助かっているかも伝え、生き方をすべて肯定し、大切にしている家族との関係もそっとほめる

事例3：友だちから恋人へ昇格

恋愛にまつわるエピソードです。

Ｊくんと Ｔさんは大学の同級生です。ボランティアサークルの新入生歓迎会で、たまたま近くの席に座ったふたり。Ｊくんは、

「Ｔさんと話せて面白かった！　話も盛り上がったし、一緒にいると楽しいな」

と、Ｔさんに好意を持ちました。

ところがＴさんにＬＩＮＥでメッセージを送っても、返信は素っ気なく、既読にならないこともしばしば。なかなか距離を縮めることはできませんでした。

サークルの定例ミーティングで集まったときのことです。

その日、Tさんは欠席。そこでJくんは、Tさんと仲の良いMさんに、思いきって聞いてみました。

「今日、Tさん休みだけど、どうかした？　たまにLINE送るんだけど、あまり返事が返ってこなくて……」

するとMさんは少し呆れた顔で言いました。

「こないだの新歓でTさんがウンザリしてたの、気づかなかった？　Jくん、ずっと自分のことばかり話してたじゃん！」

Jくんは大きくショックを受けました。

てっきり歓迎会では楽しく会話ができたと思っていたからです……。

アクション1：関係性の土台をつくる

ここからは、JくんとTさんの会話を交えながら解説します

まずJくんは、Tさんに次のようにメッセージを送ることにしました。

J「今日、サークルに来なかったんだね。最近、忙しそうだけど大丈夫？
そういえば、こないだの新歓のときは、ごめんね。
なんか、僕ばかりベラベラ話しちゃって。
今度またTさんと話ができたらいいな」

しばらくして、Tさんからメッセージが返ってきました。

T「Mさんから何か聞いた？　あんまり気にしてないよ。またサークルでね」

Jくんはひと安心です。そして関係性の土台をつくるために、相手のことを知ろうと考

えました。**メッセージを送るときには、なるべく質問もするようにした**のです。

J「第2外国語でフランス語とってるんだけど、難しくて落としそう。Tさんはどの言語を選択してる？」

J「教養科目でもっと面白い講義ないかなぁと思って。Tさんのオススメは何かある？」

J「最近、バイトが忙しくて。Tさんは大丈夫？」

するとTさんからは、

T「わたしは中国語。英語と同じ文法だから、比較的わかりやすいよ」

T「比較文化学論は世界のいろんな国のスライドを見れて、面白いと思う」

T「大丈夫。ありがとう」

などと返信が返ってくるようになりました。

質問のポイントは、**答えやすそうな質問**にすること。なるべく相手が**迷わず返事できる**

ような質問をしました。同時に、「自分はこんな人です」ということがわかる情報を少しずつ小出しにしていきました。

すると……、

T「フランスに興味あるんだ。行ったことある?」

T「バイト頑張って」

などと、Tさんからも質問が返ってくるようになったのです。

アクション2:「ほめポイント」を見つける

あるとき、大学のカフェテリアに立ち寄ったJくん。Mさんと一緒にいるTさんを見つけました。

思いきって「一緒に昼食を食べない?」と誘ったところ、Mさんと一緒だったからか、Tさんも難なくOKしてくれました。

ここからは、マジック質問です。

J「ボランティアに興味を持って、好きになったきっかけって、なんだったの？」

「①好きなことは？」をアレンジして、ふたりの共通点であるボランティアについて深掘りすることにしました。

お互いに共通点のある話題のほうが、深い会話をしやすいからです。

Mさんが答えた後、Tさんはこう答えました。

T「お父さんも大学時代にボランティアをしてて、
子どもの頃からよく話を聞いてたんだよね。
高校時代にも生徒会活動でボランティアしてたし、
もっとできることがあるんじゃないかな、って大学に入って思ったんだ」

それに対してJくんは、感想を伝え、**「②継続していることは？」をアレンジした質問**を重ねました。


J「へぇ、お父さんもやってたんだ。

しかもそれを子どもの頃から伝えてくれるなんて、すごくステキなお父さんだね。

じゃあ、かなりボランティア活動を続けてきたんだね。

どういうモチベーションで続けてきたの？」


するとTさんは、さらに自分のことを話してくれました。


T「ずっと、子どもたちに関わって、何か世の中のためになることをしたいと思ってた。

『貢献』って言葉が好きなんだよね。

だから、ボランティアでも、誰かのためになるようなことをしたい、
ちっぽけな自分でも、できることをしたい、と思ってるんだ。

自己満足かもしれないけど」

アクション3：100点ほめ

Tさんが自分のことをここまで話してくれたのは初めてでした。

そこでJくんはすかさず、100点ほめをしました。


J「自己満足なんて、とんでもない。

いや、自己満足でも何かの役に立てているなら、それは絶対、意味のあることだよ。

同い年なのに、すごくいろいろ考えてて、正直、尊敬する。

僕なんて、『就活のときに良いネタになるかな』と思ったのがきっかけだったもん。

でも、実際やってみると、自分にもできることがあるかもしれない……と思うようになって、ちょっとずつ前向きになれた。

もっと日本や世界の子どもたちのためになることを続けていきたいんだよね。

きっと、お父さんが素晴らしい人だから、Tさんも素晴らしい人なんだよね。

なんかお父さんにお会いしたくなったわ。娘にこんなに影響を与えて、素晴らしい活動を引き継ぐまでに育てたんだもんね。

小さいとき、どんなことを言われたのかとか、また聞かせてほしい」

T「普段はボランティアの話になると、『マジメなんだね』とか言われて、なかなか話を聞いてくれる人がいないから、すごく嬉しい。ほんと、話を聞いてくれてありがとう」

Tさんは嬉しそうにそう話しました。

これをきっかけにJくんとTさんの距離はグッと縮まり、毎日のようにLINEをやりとりするようになりました。
たわいもない話から、ボランティアについての最新情報を教え合うなど、同じ目的を共有する仲間になりました。
そしてその3か月後、ふたりは晴れて付き合うことになったのです。

●100点のほめ方のポイント

・関係性の土台をつくるために、まず、現在は、〝マイナスイメージ〟を持たれていることを自覚したうえで、メッセージを送るときには、なるべく質問もする
・質問は、答えやすそうで、なるべく相手が迷わず返事できるような質問にする
・マジック質問では、ふたりの共通点であるボランティアについて深掘りする
・共通点から質問をすると、内容を深掘りしやすい
・共通点から話が盛り上がると、距離がグッと縮まる
・信頼関係ができた後、核心をズバリほめることにより、格段に印象に残る存在になる
・100点ほめでは、その人自身だけをほめるのではなく、育った環境や、相手が影響を受けた人の話も織り交ぜて、相手の生き方すべてを肯定する

事例4：冷めきった夫婦関係が修復

あるご夫婦のエピソードです。

Wさん家族は、会社員の夫と、主婦業のかたわら設計士として活動する妻、そして子どもふたりの4人家族。

間もなく結婚10周年を迎えるWさん夫妻でしたが、夫婦仲は冷え切っていました。会話の内容といえば、子どものことや両親のことなど「事務的なやりとり」ばかり。普段は目も合わせません。たまに目が合ったと思えば

「どうしてわかってくれないんだ」

「どうしてもっと家族のことを考えてくれないの」

と、ケンカが始まります。

夫は出張を増やし、妻がリビングにいるときには、そそくさとダイニングへ……。妻も早くに寝て、一緒に過ごす時間をつくろうとしません。昔はふたりでよく晩酌を楽しんだのがうそのようです。

お互いに「結婚相手を間違えたかもしれない」と、後悔していました。

アクション１：関係性の土台をつくる

ここからは、Ｗさんご夫婦の会話（Ｗさん＝夫、Ｗさんの奥さん＝妻）を交えながら解説します。

さすがにこのままでは、息が詰まってしまう……。

Ｗさんはたまりかねて、なんとかコミュニケーションをとろうと考えました。

とはいえ、いきなり楽しく会話できる雰囲気ではありません。そこでやりとりを増やすために活用したのが、ＬＩＮＥのメッセージです。

夫「今日の帰りは22時半頃になる」
夫「今日はやっぱり夕飯いらない」
夫「今週末、東京へ出張するからいない」

など、**こまめに自分の予定をＬＩＮＥで伝える**ようにしました。
すると、はじめは既読がつくだけだったのが、「了解」「ＯＫ」など、奥さんから端的ですが返信がくるようになりました。
そこでＷさんは、事務連絡だけではなく、

夫「お疲れさま」
夫「いつもありがとう」

など、スタンプを交えてねぎらいの言葉をかけたり、

夫「今日、飛行機から見た景色がすごく綺麗だった」

と空の写真を送ったりと、たわいもない会話を増やしていきました。

そのせいか、奥さんの返信も

妻「こちらこそ、いつもご苦労さまです」

妻「本当だ、綺麗だね」

と、文章も少しずつ長くなり、スタンプが返ってきたり、子どもの日常の様子を写真で送ったりしてくれるようになりました。

ＬＩＮＥでのコミュニケーションが活発になっていくのと同時に、不思議と家でのふたりの会話も少しずつ増えてきました。

子どもの自宅学習や習い事での様子、近くに住む両親からの伝言など家族に関すること、

そして地域の集まりでの心配事など、もっぱら奥さんのほうが話すばかりでしたが、Wさんは、奥さんの「話を聞いてほしい」という思いを受けとめて聞き役に徹し、

「そうなんだ、なるほど」

「うわぁ、それは大変そうだね。大丈夫?」

「へー、そうだったんだ。良かったね」

「気づいてなかった。ありがとう」


といったように、**相手の言うことを否定せず、同意しながら話を聞き続けた**のです。

そして日常の会話量も増え、それまでWさんが夜遅くに帰ってきても、先に寝てしまい、「おかえり」すらも言わなかった奥さんがWさんの帰りを待つようになったり、「明日早いから、先に寝るね」とLINEでメッセージを送ってきたりするようになり、なるべくWさんとの時間を取ろうとするようになりました。

Wさんは、奥さんの態度が少しずつ変わり、話をしてくれるようになったのを見計らい、

よりじっくりと対話する機会をつくろうと考えました。
そこで、いつもより早く家に帰れそうな日の昼過ぎに、こんなＬＩＮＥを送りました。

夫「**今日、夜9時頃に家へ帰れそうだから、ワインでも買っていくよ。何かつまみでも用意してくれると嬉しいな**」

奥さんからは、

「待っているね」

のスタンプが届きました。

夫が家に着くと、子どもふたりはもう寝る準備をしていて、

「お父さんおかえり。こんな時間に帰ってくるの、珍しいね」

と喜んでいる様子。

Wさんは子どもと会話する久しぶりの平日を楽しみつつ、

「明日も早いから、そろそろ寝なさい」

と、寝かしつけました。

そうこうしている間に夜10時近くになり、やっと落ち着いてふたりで話せるようになりました。LINEでは奥さんに対して
「いつもありがとう」

「子どものこと、任せきりでごめん」

と、伝えるようになっていましたが、改めて面と向かって、Wさんは奥さんにこう切り出

しました。

夫「俺も仕事が忙しいばかりに、家のことを任せきりでごめんね。
いつも本当に助かってる。ありがとう」

妻「あなたが忙しいのは仕方ないから、わたしも割り切ってる。
でも、最近意識してちゃんとわたしの話を聞こうとしてくれてるよね？
別に何か解決できるわけじゃないけど、少しはわたしも気が楽になってる。
ありがとう」

久しぶりに面と向かって感謝を伝え合ったのです。

アクション2：「ほめポイント」を見つける

お酒の力も借りて、久々にゆっくりと話ができるようになったWさん夫妻。そこで、マジック質問で、奥さんが大切にしている価値観を探ってみることにしました。

【マジック質問】

①好きなことは？
②継続していることは？
③大切にしていることは？

まずは**「①好きなことは？」**の質問です。

夫「いまさら聞くのもなんだけど、Mちゃん（奥さんの名前）が好きなことって何？」
妻「やっぱり、家の設計をしているときは、すごく楽しいよ。
毎日、家のことや子どものことで忙しいけど、子どもを寝かしつけてから、
ひとりで家具やキッチンのことを調べたり、実際にコーディネートを
いろいろと考えたりしているときは、楽しくてつい夜更かししちゃうんだよね」
夫「へー、そうなんだ。俺って全然『衣食住』のことに関心がないじゃん？
だから、Mちゃんが熱心に家具やカーテンを選んだり、

テーブルコーディネートしたりしているのを見ていると、本当にすごいなぁ、センスあるなぁ、と思うんだよ」

そして、こんなふうに**「③大切にしていることは？」**の質問を続けてみました。

夫「どうして、そんなに家の設計のことを大切にしているの？」

妻「設計に限らず、毎日の食事もそうだし、掃除、洗濯……そういう家のことは全部、大切だと思ってる。わたしのお母さんが教えてくれたことが大きいかも。『家づくりは人づくり』って。学校や会社で過ごす時間以外は、みんなずっと家で過ごすでしょ。そういう一日一日が積み重なって、人生になっていく。だからこそ、家という空間を快適に保って、毎日の暮らしを大切にしていくことで、家族みんなの品格がつくられていくんじゃないかな、と思うの」

アクション3：100点ほめ

Wさんは、奥さんの気持ちに対して、**「100点ほめ」で正直な思いを表現**しました。

夫「うわー……そうだったんだ、そんなに俺らのことを考えてくれてたんだ。
最近、雑誌で『名もなき家事』という記事を読んで、
家事の中には明確なＴｏＤｏリストだけでは見えない、やらなくちゃいけない細かい
家事がたくさんあって、俺が考えている以上に、家事って大変なことだらけなんだな、
と思ってたところだったんだ。
考えてみたら、自分の趣味や友人との食事などもほとんどなしで、
家族のために頑張ってくれてるよな。
ご両親の育て方や学生生活、社会人になってからの周りの環境が、
良かったんだよな。一つひとつのことを大切に思って生きてきているのが伝わるよ。
いままで、ごめんね。あまり共感できずに、本当ごめん。
そして、ありがとう」

妻「ありがとう。わたしもつい抱えこんでしまうことがあるから、なるべくあなたになんでも話すようにするね。あなたこそ仕事が忙しいんだから、無理せず、困ったことがあったら相談してね。解決できないかもしれないけど、話せば楽になるよ。わたしみたいに（笑）」

そこでふたりで笑い合って、その日はWさん夫婦たちにとって楽しい一日になりました。その後、「働き方改革」の影響もあり、Wさんの残業も少なくなりました。たまに、Wさんが子どももふたりの面倒をみて、奥さんひとりで友だちと出かけることも。そうやって、お互いのやりたいことを尊重して、ともに助け合い、家族で過ごす時間を大切にするようになったのです。

100点のほめ方のポイント

- **「いきなり楽しく会話なんてできない…」という関係性のときは、LINEなど、メッセージのやりとりから始める**

・メッセージでのやりとりは、「こまめに自分の予定を伝える」ことから始める
・メッセージのやりとりが会話に発展したら、相手の言うことを否定せず、同意しながら話を聞き続ける
・マジック質問で、「好きなこと」「大切にしていること」を聞いて、相手が主役になる会話をする
・100点ほめでは、単にほめるだけでなく、自分の「正直な気持ち」も伝え、夫婦関係は特に、お互いの生き方をすべて肯定する〝歩み寄り〟が必要

事例5：勉強嫌いな息子の変化

ある親子のエピソードです。

Kさん一家は、夫と小学3年生の息子Sくんとの3人家族。特に最近、Sくんとの関係に悩んでいました。

Sくんは授業でもじっとしていられず、ノートも取りません。

宿題に取り組むのも苦手で、担任の先生から「お母さんからもきちんと言っていただけませんか」と注意されるほど。

Kさんは毎日のように、Sくんを叱りつけていました。

「どうしてちゃんと授業を受けないの？」

「宿題しないと、大人になってから困るのはあなただからね」

「板書しなさい！　それくらいできるでしょ」

叱れば叱るほど、Sくんは言うことを聞きません。

Sくんは野球クラブに通っているのですが、かたくなにKさんが練習を観に来るのを拒むようになります。本来、ほかの親御さんと一緒にクラブの手伝いもしなければならないのに、それすら嫌な顔をするのです。

いったい、どうすればいいのか……困り果てたKさんが、すがるように始めたのが100点ほめでした。

アクション1：関係性の土台をつくる

ここからは、Kさん親子の会話（Kさん＝母、Sくん＝息子）を交えながら解説します。

まずは、アクション1です。

学校での様子は、逐一、担任の先生から伝わるのですが、Sくん本人は学校でのことをなかなか話したがりません。

そこでKさんは、思いきって**「叱る」のをやめて、Sくんから学校のことを話してもらえるような状況をつくることにしました。**

母「今日、学校でどんな勉強したの？」
母「友だちと何をして遊んだの？」
母「野球クラブは楽しかった？」

と、**とにかく質問**しました。はじめのうちは

息子「うーん……わかんない」
息子「なんでもない」
息子「うん」

と、言葉少なだったSくんでしたが、叱られないことで少しずつ警戒を解いて、

息子「分数の計算。難しかった」
息子「ドッジボール。すぐ外野になっちゃったけど」
息子「うん、楽しかった。ヒットも打てたし」

と、少しずつ自分のことを話してくれるようになりました。
そんな頃、同じ野球クラブに通う子どもを持つお母さんから、こんなことを教えてもらいました。

「Sくん（息子）、うちの子がエラーしたときにも『ドンマイ！』って声かけてくれるんです。優しいお子さんですね」

これまで、まったく知らなかった、Sくんの野球クラブでの一面です。

アクション2：「ほめポイント」を見つける

Sくんは、勉強は苦手だけれど、どうやら野球は楽しんでいること。
そしてチームメートとも交流しているのを知って、少しホッとしたKさん。
そこで、**マジック質問**をしてみました。

【マジック質問】
① 好きなことは？
② 継続していることは？
③ 大切にしていることは？

まずは、**「①好きなことは？」**の質問。
野球クラブから帰ってきて、麦茶を飲みながらくつろいでいるSくんに対して、Kさんはこう会話を切り出しました。

母「Sくん、野球するのって好き?」
息子「好きだよ」
母「どういうところが好きなの?」
息子「うーん、ヒットを打てると嬉しい。試合にも勝てると嬉しいし」
母「打つのが好きなの?」
息子「投げるのも好きだよ。今日はピッチャーだった」
母「そうなんだ! 試合もあったんだよね。どうだった?」
息子「うーん、負けちゃった。でも、監督がほめてくれた。
　コントロールは良かったよ、って」
母「そうなんだ。すごいじゃん」
息子「へへっ」

野球のこととなると、Sくんは楽しそうにいろんなことを話してくれました。
そこで、Kさんは思いきって、こんなことを聞いてみました。

母「ねぇ、お母さん、Sくんが投げてるところ観てみたいなぁ。ダメ？」
息子「えー？」
母「恥ずかしい？」
息子「うーん、そういうわけじゃないけど」
母「じゃあ、どうして？」
息子「うーん、怒られると思った」
母「え！」
息子「いつもお母さん、怒ってばかりだから……」

　Kさんはこのとき初めてSくんの本心を知りました。

　Sくんがかたくなに、Kさんが野球クラブへ来ることを断っていたのは、ちゃんと理由がありました。普段あまりにもガミガミと怒られるあまり、野球クラブに来るとさらに怒られる材料を増やしてしまうと考えていたのです。

　Kさんは、怒ることばかりに気を取られ、Sくんの考えをまったく聞くことができていなかったことを反省しました。そして、こう伝えました。

母「お母さん、いつもSくんのことを怒ってばかりだったもんね。ごめんね……。
でもお母さん、Sくんが楽しそうに野球のこと話してくれて、本当に嬉しいの。
だから、Sくんが野球しているところ、観てみたいんだ」

するとSくんは次のようなことを伝えてくれました。

息子「怒らないなら、いいよ。
来週の土曜日、隣町のチームと練習試合するから、そこに来たら？」

Kさんはやっと、野球クラブへ行くことを許してもらえたのです。

アクション3：100点ほめ

試合当日、Sくんはベンチスタートでしたが、途中からピッチャーとして登板しました。失点を2点に抑え、リリーフとしては上々。バッターとしてもヒットを打ち、見事、チームの勝利に貢献することができたのです。

Kさんは試合の帰り道、Sくんにこんな「100点のほめ方」をしました。

母「お母さん、Sくんが投げてるのを観て、感動しちゃった。
チームも勝ったし、本当に良かったね。
チームメートのみんなもSくんに声をかけてくれていたし、
Sくんが『野球楽しい！』って思うの、わかった気がする。
振り返ったら、Sくん、本当よく頑張ってきたよね。お母さんが、あまり
応援してなかったときも、練習してたり、友達も励ましたりしてたんでしょ。
すごいすごい！　我が息子として尊敬してるよ。
試合に連れてきてくれて嬉しかった。今日は本当にありがとう。
Sくんみたいな良い子が生まれてきてくれて、本当に嬉しい、ありがとう」

Sくんは照れくさそうにしていましたが、少し安堵したのか、ホッとした笑顔にも見え

ました。

そして、後日、担任の先生からこんな知らせが届きました。

「Sくん、最近、ちゃんと板書をしてくれるようになったんです。何か、特別なことでもされたのですか?」

Kさんは S くんをもちろん、ほめました。

母「先生から聞いたよ。最近、板書をするようになったって、すごいじゃん」

Sくんは相変わらず照れくさそうに「うん」と答えただけでした。

しかしおそらく、お母さんが喜ぶ顔を見たくて、苦手な勉強に取り組もうと頑張るようになったのかもしれません。

100点のほめ方のポイント

・相手が話してくれないときは、とにかく質問をして、会話の糸口を見つける
・会話の糸口から、相手の「知らなかった一面」を見つけられたら、そこを深掘りするマジック質問をする
・苦手なところではなく、「すごいところ」をほめることで、苦手なことにも取り組もうと思う気持ちが相手に芽生える
・100点ほめでは、その行動だけではなく、子どもの存在そのものを認め、すべてを肯定するほめ言葉をかける
・100点ほめをしたことで、子どもの行動が変わったら、そのこともほめる

事例6：関係がこじれてしまった両親との仲直り

ある家族のエピソードです。

Eさんは、妻と子どもふたりの4人家族。地方に住み、会社員として働いています。

Eさんの最近の悩みは、実の両親との関係。

両親は同じ県内で暮らしていますが、実家は山間部の限界集落。頻繁に会いに行ける距離ではありません。2年ほど前に

「実家を手放して、駅の近くにマンションを借りないか？」

と転居話を持ちかけたところ

「親を老人扱いして、とんでもない」

と憤慨。すっかり関係がこじれてしまい、没交渉になってしまいました。

はじめのうちは

「親のためを思って言ったことなのに、理不尽に怒られて、なんてことだ。いざ困ったことになっても、知らないぞ」

と意地を張っていたEさんですが、時が経つにつれて、両親の気持ちも聞かずに、唐突に話を進めようとしていたことを、反省するようになりました。

アクション1：関係性の土台をつくる

ここからは、Eさん親子の会話を交えながら解説します。

「少なくとも連絡は取り合えるようにならなくては」と考えたEさんは、思いきって母親に電話をかけてみることにしました。

E「久しぶり……元気？　変わりない？」

母「あら、久しぶり。

こっちは年のせいか、病院に通うことも多くなったけど、なんとか暮らしてますよ。

それより、お父さんは相変わらず頑固で。

あなたとあんまり長く話してると、ヘソを曲げてしまうかもしれない。

いまだに『なんだ、アイツは』って怒るのよ。もう……困ったもんよね」

母親とは問題なく会話できるものの、どうやら父親は、まだEさんのことを許していない様子。

それからEさんは、1か月に1回ほどの頻度で母親と電話で連絡を取って、近況を伺いながら、なんとか父親との関係修復を図ろうと考えました。

そこで活用したのが、タブレットです。

Eさんの両親は、インターネットを使った経験がありません。最初はタブレットを使うことに乗り気ではありませんでした。

「子どもたちの写真を送るから」

と伝えて説得し、タブレット端末とＷｉ-Ｆｉを契約。母親に使い方を教えて、使ってもらうようにしたのです。

Eさんは両親のタブレット宛てに、子どもの習い事の発表会や運動会の様子を写真で送ったり、メッセージを送ったりするようになりました。

E「おはよう。今日は少し肌寒いね」

E「こんばんは。変わりない？」

はじめのうちは既読がつくだけだったり、「元気だよ」とたどたどしい返信があるだけでした。ところがタブレットの操作方法について、母親から電話で頻繁に問い合わせがくるようになったのです。

母「この操作はどうしたらいいの？」
母「こういう表示が出ているんだけど、大丈夫なのかしら？」

Eさんは内心「面倒くさいな」と思いながらも、やっと自然に連絡が取れるようになり、ホッとしていました。

母親も少しずつタブレットの操作に慣れ、メッセージを送ってくれるようになりました。そして、子どもの写真を父親にも見せてくれている様子。

ある日、母親から電話がありました。

母「今年のお盆、久しぶりに家に帰ってこない？

お父さんがね、『孫の顔が見たい』んだって（笑）」

アクション2：「ほめポイント」を見つける

久々の帰郷。

子どもたちは、自然に囲まれた実家の風景に興味津々です。

「おじいちゃん、あの鳴き声ってなんの鳥？」

「川遊びに行っていい？」

と、山の暮らしを満喫。父親も、孫にせがまれて遊びに付き合うことにまんざらでもなさそうです。

Eさんは、思ったよりも元気そうな両親の様子に胸をなでおろしました。

夕飯が済み、後片付けも終わって、子どもたちは日中の遊び疲れのせいか、早々と床につきました。
Eさんは、テレビを見ながらくつろいでいる両親に、思いきってマジック質問を投げかけました。

【マジック質問】

①好きなことは?
②継続していることは?
③大切にしていることは?

まずは**「①好きなことは?」を質問**してみることにしました。

単に質問するだけでなく、少しアレンジして、自分の思いとともに伝えました。

E「今日久々にここへ帰ってきて、子どもたちが喜んでいる様子を見て、しみじみと思ったんだよね。『あー、田舎暮らしもいいなぁ』って。
親父もおふくろも、ここで暮らすのが好きなんだろ?」

母「そうねぇ、好きというより、もうずっとここで暮らしてきたからね。
当たり前というか、これ以外にないのよ。
でも、最近少し足が悪くなってきて、車を出すのも不便になってきてね。
あなたが近くに住んでくれたらいいんだけど、それは難しいんでしょ？」
E「うん……会社から2時間以上かかるから、さすがにここには住めないよ。ごめん。
おふくろにも親父にも、心配かけてると思ってる。申し訳ない」

少し無言が続いた後、Eさんは**「③大切にしていることは？」**を質問しました。

E「でも、別に好きというわけでもないのに、どうしてこの家を大切にしているの？
やっぱり、先祖代々から受け継いできたから？」
母「わたしはここに嫁いできた人間だけど、あなたたちが生まれて、
ようやくここが『わたしの家』になったの。
あなたが生まれてからの思い出が、全部ここにあるでしょう。
だから、やっぱり離れたくないのよね」

Eさんはその言葉に思わずグッと感情が高ぶりました。

アクション3：100点ほめ

Eさんは改めて引っ越しを持ちかけたときのことを振り返りました。すると、ご両親のこれまでの言動の真意に納得し、共感の思いが湧いてきました。

そして、こんな「100点のほめ方」をしました。

E「こっちの思いこみばかりで、『絶対に街なかで暮らしたほうがいい』なんて言ったけど、そんなにこの家のことを大切に思っているなんて、知らなかった。ごめん。ていうか、そんなに家のことを大切に守ってくれていて、本当に、本当にありがとう。庭も畑もキレイにしておくのも大変だろうし、家のことを全然手伝えなくてごめん。あのとき、ちゃんと親父とおふくろの言い分も聞いておくべきだったんだよな……。考えてみたら、いつも心配ばかりさせていた俺のことを思い、この家で家族で一緒に食事しながら、いろいろな話をしてくれた幼少期。
家族の支えがあったから、学校も卒業できたし、就職もできたのにな。
命を懸けて子育てしてくれたことに、まず感謝しないとね。
本当に生んで育ててくれてありがとう」

すると、ずっと黙っていた父親が、ようやく話しはじめました。

父「わかっているんだよ。ずっとここにいるのが難しいこともな。
でもな、母さんの思いもわかってあげてほしかったし、
年をとると変化についていけないところがあるからな……。
でも、こうやってEも考えてくれていることがわかって、良かった。
この前はごめんな。そして、ありがとう」

Eさんは、てっきり父親がわがままを言っているだけだと思いこんでいました。
でも本当は、家族みんなのことを考えてくれていたのでした。

Eさんは自分の言い方や伝え方の悪さが原因だとわかり、反省しました。

E「本当にごめん。話してくれてありがとう」

こうして、Eさんと両親のわだかまりは解け、半年に1回は顔を合わせるまでに関係が回復しました。頻繁にLINEのメッセージや電話でやりとりをするようにもなりました。

母親の思いを尊重して、実家をどうするかは保留にしましたが、Eさんが帰ってくるときに倉庫や荷物を整理したり、庭木を手入れの少なくて済む木に植え替えたりするようにしました。

最近では、家族三世代で温泉宿へ旅行することもあり、Eさんの親孝行は続いています。

このように、年を重ねた親子の関係は、すぐに最高の結果につながらないかもしれませんが、心ではつながっているもの。きっと良い関係になっていきます。

100点のほめ方のポイント

・音信不通の関係を打破するために、まずは「連絡を取る」ことを最優先にして、そのための手段を実行する
・話す内容がないときは、「お互いに笑顔になること」を通じてコミュニケーションをとる
・近しい人へのマジック質問には、「自分の思い」も織り交ぜて、アレンジを加えることも効果的
・100点ほめでは、生んで育ててくれたことに対して100点の感謝を言葉に出して伝える

column

上司と部下のコミュニケーションに「ツール」と「対話」は使いよう

上司と部下のコミュニケーションを加速させるために使いたいのが、最近増えている便利なツールです。

最近では「働き方改革」の影響もあり、グループウェア（社内用の情報共有ツール）やチャット（会話用）ツールなど、便利なソフトウェアが大企業だけでなく中小企業でも続々と導入されています。そういった新しい技術を活用すれば、コミュニケーションが想像以上に活発になるはずです。

メールだといちいち、

「○○課長、お疲れさまです」
「何卒よろしくお願いします」

と、定型文を書かなければならず、時間がかかってしまいます。

かしこまったやりとりをするには適していますが、１日に何往復もメッセージをやりとりするには、あまり適している方法とはいえません。

ちょっとした億劫さから「後回しにしよう」と、上司への報告が遅れたり、大切な相談の機会を逃してしまったりするかもしれません。

わたしの会社では、記録として残しておくべきやりとりは「チャットワーク」というチャットツールを使い、普段のやりとりは「フェイスブックメッセンジャー」を使うことにしています。

わたし自身、出張が多く、会社にいないことがほとんどなので、始業時には部下から「今日やるべきこと」を、終業時には「今日やったこと」を報告してもらっています。

すると、部下が「これだけ頑張った」「こんなに意欲的にやろうとしている」ということが一目でわかります。わたしは、それに対して

「すごい」

「今日はホンマに頑張ったな、ありがとう」

と、ほめ言葉を返すようにしています。

コミュニケーションツールは大変便利です。直接言葉で伝えたほうがいいな、と感じることについては、電話や対面で、語調や雰囲気も含めて伝えるようにしています。

また、ほめシート、感謝シート（本コラム末で紹介）というものを活用して、ほめ言葉の交換も定期的に行っています。デジタルでの会話はスピーディである反面、感情が入りにくいので、アナログなコミュニケーションも取り入れて関係づくりに役立てています。

こうやって、お互いの気持ちを確認し合うこと、言いそびれたほめ言葉・感謝の言葉を継続して伝え合うことで、より良い関係を築いていっています。

ここがGOOD!!

ほめシート

2020年 7月 31日

[redacted]さん へ　　原 より

ありがとう

具体的にイメージが伝わるように、50文字以上

[redacted]さんの存在、成長がほめ育グループの成長そのものになってきています。私は、アイデアをどんどん形にしていくタイプで、整備や記録したりするのが苦手なのでとても助かっています。本当にありがとう！

成長したなぁ・すごいなぁ・好感が持てる

この中から一つ　50文字以上

本当に成長しました！タスク整理には潜在意識を活用しているし、スケジュール管理やチケット手配、研修資料作成、見積、請求書などバックオフィス業務を八面六臂の活躍です。最近ぐっと伸びたのは、私の人脈への紹介で積極的に話かけてくれて頼もしかったですよ。

期待していること

・来月クリアしてほしい

事前のアポイント確認、最終確認をしてくれると助かります。

・将来的に、こうなってほしい

ほめ育グループは、ビデオ会議なども取り入れ、どんどん英語圏へ広がります。ビジョンを共有していきましょう。

感謝シート

2020 年 7 月 31 日

原社長 へ　　[redacted] より

尊敬していること・教えて欲しいこと

A4シートに書かれていることを実現するために、常に試行錯誤され、
突き進み、ゴールに着実に近付いていく、その行動力には、
私も身が引き締まり、ついていきたいという気持ちになっています。
そして、出張移動や講演、研修とご多忙な中、私からの依頼
にも期限までに回答いただき、何かある場合は相談してくださいます。
また、ご家族や周りの方を大切にされていて、そのような姿も、とても尊敬して
います。

言いそびれた感謝の言葉又は教えて頂きたいこと

日々、ハードスケジュールな中、私からの依頼や相談にもすぐ回答を
いただいたり、できるだけ早めに状況や、今後の取組み、方針を教えて
いただき、ありがとうございます。私も業務の見通しが立てられやすく、
段取りも組みやすいです。また、直接顔を合わせる機会も少ないですが、
朝と帰りの挨拶やお電話の際にも、お気遣いのお言葉や、
ほっこりするようなコメントをいただき、楽しいです！ ありがとうございます。

情報共有の場　職場をより良くするためのアイデアや情報など

スケジュール管理についてですが、研修・講演会以外の
アポイントについて、リマインドや詳細の事前連絡が、十分にできていません。
チャットワークで管理していこうと思っています。

第4章

「100点のほめ方」を極める

「+α」のテクニックで「100点のほめ方」を極める

第4章のテーマは、「100点のほめ方+αテクニック」です。

これまでにお伝えした「100点のほめ方」をマスターしたら、ぜひ、本章でお伝えする応用テクニックも身につけて、100点のほめ方の精度をもっと高めてください。

「ほめ切る言葉」を使う

ほめるために、難しい言葉を使う必要はありません。
ましてや、映画やドラマに出てくるような、特別な言葉も必要ありません。
でもさらに「ほめる」に磨きをかけるなら、言葉を味方につけましょう。

ぜひ意識してほしいのが**「ほめ切る言葉」**です。

日本人は、ほめられることに慣れていない傾向があります。

経験上、**「言いすぎかな？」というぐらい思いきりほめるほうが、相手との距離がグッと近づく**のです。

たとえば、次の２つを比べてみると、どちらのほうが相手に伝わるでしょうか？

「Ｗさんって、文章がとても上手ですよね」

「Ｗさんって、文章が抜群に上手ですよね。その力を絶対に、もっと世に出すべきです。間違いなくＷさんのファンがつきますよ」

後者のほうが、より伝わる言葉になっています。なぜならほめ切る言葉をたくさん使っているからです。

この例でいうと、

「抜群に」
「絶対に」
「間違いなく」

といった言葉です。

ほめられた側は、もしかしたら恥ずかしがるかもしれません。でも、決して悪い気はしないはずです。

ただし、ほめ切る言葉を使うときは、必ず注意してほしいことがあります。
それは、**「適切な内容をほめる」**ということです。
せっかくほめ切っても、ほめるポイントを間違えると逆効果になりかねません。

「わざとらしい」

「うわべだけでほめているのでは？」

と捉えられる可能性もあります。そのため、必ずマジック質問（Ｐ92〜参照）で得た答えを使って、しっかりほめ切りましょう。

誰がほめるのか？　この「誰」によって大きく変わる

100点のほめ方は「技術」ですが、**誰がほめるか**によって、伝わり方はまったく別物になってしまいます。

尊敬している人や好きな人からほめられたら嬉しいですよね？

逆に、信頼できない人や苦手な人からほめられても、素直に喜べないことも多いのではないでしょうか？

100点のほめ方の「技術」を活かし、良い人間関係を構築し続けるためには、**「この人にほめられたい！」と思われる人になることも重要**です。

ほめられたい人になるためのポイントは、**「覚悟」**と**「本気」**です。

特に、欠点が多かったり気難しかったりして、ほめることが難しいと感じる相手ほど、覚悟を持ち、本気で接することが有効に働きます。

事例を3つご紹介します。

1、遅刻や私語など、問題だらけの高校生アルバイトAさん

Aさんの日頃の態度は、遅刻する、挨拶をしない、お客様に横柄な態度をとる、仕事中に他のアルバイトとの雑談が絶えないなど、欠点を言い出したらきりがありません。

もう辞めてもらおうか、そんな寸前までできていました。

でも店長は決してあきらめませんでした。**「誰しも必ずほめるところはある」**と信じていたからです。そこで店長は覚悟を決め、Aさんに本気でぶつかりました。

「遅刻や勤務中のおしゃべりなど、いままで注意したこと、二度としないでほしい。明日からは、生まれ変わったつもりで働いてほしい。もしできないなら、今日で辞めてほしい。俺はAさんの本気が見たい。Aさんを信じているし、知っているよ。本気になれば、すごく仕事ができる子だと」

次の日から、目の色が変わったAさん。遅刻がなくなり、ホールのリーダーとして一番大変なポジションであるデシャップを率先してするようになり、シフトにも協力的になりました。**店長の覚悟がAさんに伝わり、本気の「ほめ」と「叱る」が効いたのです。**

2、頑固で威圧的な態度をとる、定年間際の男性社員Kさん

頑固で好きな作業しかせず、「ワシは、もうすぐ辞めるから」が口癖のKさん。口が悪く威圧的で、会社の雰囲気を悪くするので、みんながあきらめていた人でした。

ところが経営者は、さじを投げませんでした。

言葉が荒いKさんは、周りにとって怖い存在で、注意しにくい相手です。そのため周りが伝えてこなかった社会人の常識がたくさんありました。

そこで経営者はKさんを社内研修に参加させて社会人としての常識を学ばせ、どんどん課題を出し、こう伝えたのです。

「Kさんは、やると決めたら誰よりも継続する人だと、わたしは思っている。定年まであと少し、最後の花道だ。みんなの手本になってほしい」

Kさんは、頑固ではあるものの、納得すれば動く人です。表情が明るくなり、積極的に意見するようになりました。そして、研修の感想文には、

「コロナウイルスで大変ななか、お給料を変わらずいただき、ありがとうございます」

と、経営者への感謝の言葉を書くほどまでに変わったのです。

3、上司の文句ばかり言うベテラン看護師Hさん

入社8年目の看護師Hさんは、理事長や看護部長に対して言いたい放題。文句のオンパレードでした。看護部長は叱りたいものの、なにぶん人手不足。「辞められては困るから」と、強く注意することができない日々が続きました。

これではいけないと考えた看護部長は、**本気でHさんを知ること**から始めました。ストレスに感じていることを、**とにかく丁寧に、粘り強く聞いた**のです。

すると、Hさんの気持ちも次第にほぐれていったのでしょう。子育てと介護で自分の時間が持てず不満が溜まっていること、夫の給料も下がり不安なことなど、身の上話をするようになりました。

そこで看護部長はシフトを組み直してHさんの休みを確保し、こう伝えたのです。

「あなたは、悩みを真っ向から受け止め、誠実に対処していく人。人は誠実さが一番よ。これからも期待しているわ。でも困ったらひとりで抱えこまず、相談してね」

Hさんは別人のようになりました。いまでは、病院が発展するためのアイデアを積極的に出し、後輩指導もしっかりできるリーダー候補として活躍しています。

覚悟を持ち、本気で接するということは、相手を信じること。

ほめるのが難しいと感じる相手こそ信じ切って、ほめてください。

必ずほめ言葉が相手の心に届くようになります。

文面のやりとりでもたっぷりほめる

100点のほめ方を極めるためには、ぜひメールやフェイスブックのメッセージ、LINEなど、文面のやりとりでも、しっかりほめる習慣を身につけてください。

昔は仕事といえば、直接相手と会い、面と向かってコミュニケーションをとるのが主流でした。ところがいまではインターネット技術やオンライン会議システムが充実し、会わずに仕事を進めることも多いでしょう。

だからこそ、実際に会うときはもちろんのこと、文面のやりとりでもたくさんほめることを取り入れてほしいのです。

わたしの著者仲間Kさんの話です。

Kさんは溢れんばかりの想いがあり、志も高い人です。自分の理念やノウハウをひとりでも多くの人に伝えたいと考え、何冊も本を出版しています。

ただ想いが強すぎて、言いたいことが文章にうまくまとまりません。伝えたいのにうまく伝えられないジレンマの中で悩んでいました。

そんななかで出会ったのが、ライターのYさんです。

ライターYさんのサポートのおかげで、Kさんの文章はどんどん磨かれていきました。

実はふたりのやりとりは、基本的にメールやフェイスブックのメッセージのみ。活動拠点が離れていることもあり、会うことはめったにありません。

それでもコミュニケーションがとれ、お互いに納得できる仕事ができているのは、**ふたりが文面上でもしっかりほめ合い、信頼関係を深めているから**です。

たとえばKさんは、メールやフェイスブックでやりとりするときに、

「Yさんのおかげで、自分の中に眠っている想いをどんどん出せます」

「どんな原稿もいい塩梅に軌道修正してくれるYさんは、本当に天使です」

「この共同制作、本当に楽しいです。ありがとうございます」


とライターYさんをほめます。そしてYさんも、

「Kさんの熱い想いに触れられるおかげで、ますます仕事が楽しくなります」

「わたしにとってKさんは、目の前を明るく照らしてくれる存在です」

「共同制作、楽しすぎます。何度お礼を言っても足りません」


といった具合に、Kさんをほめるのです。

文面でほめるときのポイントも、やはり**「ほめ切る」**こと。表情が見えない分、思いきった言葉でほめるぐらいで良いのです。

そして、こまめにほめることも大切です。良いことは良いと、タイムリーにフィードバックすることで相手は、

「自分のことをしっかり見てくれている」

と感じ、成長への意欲が湧くものです。

ただし、ほめる回数を増やせばいいというわけではありません。なんでもかんでもほめると、そのときの感情でほめたり、ほめなかったりといったことが起こります。

どんなときにほめるのか、**ほめる基準**をつくるとより仕事のスピードが上がります。

相手の「ほめポイント」を瞬間冷凍する

あなたが、これからもっともっと関係を良くしたいと思う人に対して、

「あなたのことをいつも大切に考えている」

「あなたを尊重している」

と具体的に示す方法が、もう１つあります。

それは、**相手の「ほめポイント」を「瞬間冷凍すること」**です。

相手に対して常に関心を払い、

「ありがとう」
「すごいね」
「好きだよ」

と思えるような**「ほめポイント」が見つかったその瞬間を、「○月○日○時○分○秒」まで切り取って、あなたの記憶に刻んでみてください。**

そして、その瞬間を相手に伝えてみてください。

「先週木曜日の夜、取引先から無理難題を突きつけられて、本当に困っていたわたしのことをフォローしてくれて、データ集めまで協力してくれて、本当にありがとうございました。この恩は絶対にお返しします」
「8月19日はAさんにとって、思い出深い日になりましたね。定年退職されてから、ご夫婦で富士登山をされるなんて仲睦まじくて、本当にステキです」

このように、相手も覚えていないほど細部にわたるまで記憶して、「それほどわたしのことをいつも思ってくれているのか」と驚くくらいに、具体的なほめ言葉をかけてあげるのです。

「自分のことを覚えておくのに精いっぱいだから、そこまで他人のことに関心を払えないし、覚えておけない」

こう思う人もいるかもしれません。

それならせめて、あなたが「この人」と思うたったひとりを本気で思いやり、観察し、考えてみてはいかがでしょうか。

たったひとりに心を尽くすだけでも、自分の感覚が研ぎ澄まされ、自然と周りのことも目に入ってくるのです。

会話以外から相手の「ほめポイント」を探る

マジック質問を使うことで、ほめポイントを知り、100点のほめ方ができますが、ほめポイントを知る方法は、会話だけではありません。

ぜひ**SNS（ソーシャルネットワークサービス）**も活用してください。

ツイッターやフェイスブック、インスタグラムなど、SNSのアカウントを持っている人は、年々増えています。

ツイッターの国内利用者数は、2018年10月時点で4500万人、LINEの国内利用者数は2020年4月時点で8400万人。

なかには発信よりも閲覧を使用目的にしている人もいますが、何かしら情報を発信している相手なら、簡単に近況を知ることができるのです。

わたし自身、誰かに会う前には、その相手が初対面の人ではなくても、事前にＳＮＳをチェックしておくようにしています。

ＳＮＳには、その人が「わかってほしいこと」「触れてほしいこと」がなんらかのメッセージとして発信されているからです。

具体例をご紹介します。

フリーのデザイナーとして働くＳさんにお会いしたときのことです。

Ｓさんとは、フェイスブックで友だちとしてつながっていたのですが、ふたりだけで会うのは初めてでした。

Ｓさんのご実家は地元で保育園を営んでおり、とてもユニークな教育方針の保育園を運営されています。日頃、Ｓさんのフェイスブックを見ていると、身内に関する投稿が多く、とてもご家族を大切にされている印象でした。

そこで、わたしはこう尋ねました。

「ところで、Ｓさんのご家庭はどんな教育方針だったんですか？」

すると、Ｓさんのテンションは格段に上がり、こう話しはじめました。

「とにかく、母が素晴らしいんですよ。世のため人のために働く人で。
僕は幼稚園や小学校に出かける前、毎日、母と〝ハイタッチ〟をしていたんです。
だから、毎日楽しかったんですよ」

続けて、こう質問しました。

「ハイタッチ！　お母さまはいったい、どうやって思いついたんでしょう？
きっと、お母さま自身もステキな環境でお育ちになったんでしょうね。
そういえば、Ｓさんにはお兄さまもいらっしゃったと思いますが、どんな方ですか？」

そうするとＳさんは笑顔で、こう答えました。

「兄は実家を継いでいて、子どもたちの教育に熱心に取り組んでいます。先日、原さんのフェイスブックを見ていたら、オーストラリアでの講演の様子がアップされていて、わたしたちも行きたいねと言っていたんです。原さん、次にオーストラリアへ行くとき、声をかけてほしいです」

このように、トントン拍子に話が盛り上がりました。

最近、どんなところへ出かけたのか。
どんなことに興味を持って、何を楽しんでいるのか……。

SNSには、その人の好きなこと、大切にしていること、継続していることなど、「マジック質問」を使って引き出せるようなポイントがたくさんつまっています。

特に、

「誰かに伝えたいこと」

「教えたいこと」

が投稿されているので、**本人も積極的に話してくれる話題が多い**のです。

実際に会話する前に、ある程度、自分との共通点を探っておけば、相手の「ほめポイント」も見つけ出しやすくなります。

たったひとりに心を尽くすだけでも、
自分の感覚が研ぎ澄まされ、
自然と周りのことも目に入ってくる

自尊心を高め、価値観が研ぎ澄まされる「自分ほめ」の習慣

１００点のほめ方を極めるための、とっておきの方法があります。
それは**「自分ほめ」**です。

自分ほめとはその名の通り、自分で自分をほめることです。
用意するのは、**Ａ４の紙１枚と鉛筆**。

一日を振り返り、自分へのほめ言葉を書き出していくのです。

20年間の「自分ほめ」で実感した効果

わたし自身も20年間、寝る前に必ず「自分ほめ」をしています。

「一日一自分ほめ」の習慣です。

たとえば、

「何でそんなにアイデアが出るの？　きっと日本一だね」

「よく謝ったな。あの場面で『ごめん』っていうのは、簡単じゃないぞ」

「今日の成果は、５年間かけてきた努力の結晶だな。本当におめでとう」


といったように、人からほめられなくても、自分で自分をねぎらうのです。

心理学の言葉で

「自分を愛せる程度にしか相手を愛せない」

というものがあります。ほめることも同じで、自分をほめる程度にしか相手をほめることができません。

自分をほめる力がつけばつくほど、相手をほめる力もついてきます。

わたし自身も20年間、自分をたっぷりほめてきました。ほめればほめるほど、相手をほめることが自然な習慣になってきました。

わたしはこれまでに、自分をほめ、仕事仲間をほめ、コンサルティング先の企業をほめ、そして当然、家族や大切な友人もほめてきました。

こうしてほめることを仕事にもできているのは、「自分ほめ」の習慣があったからこそだと実感しています。ぜひみなさんも、自分ほめを習慣にしてみてほしいのです。

実際に、「自分ほめ」をやってみよう

第2章の「１００点のほめ方の3アクション」の手順に従って、「自分で自分をほめて」みましょう。

アクション１：関係性の土台をつくる

「自分との関係をつくる？」

と、少し戸惑うかもしれません。

けれども、忙しい日々を送っていると、自分と向き合う時間さえ持てずにいるのではないでしょうか。

自分自身と向き合う時間をつくり、自分の土台を確かなものにすることは、とても大切

なことです。

いま自分はどんな状況にいるか。

どんな感情で、どんなことを考えているか。

頭の中で自分のことを見つめ直してみてください。

・残業続きで、疲れている
・上司に叱られて、イライラしている
・子どもがなかなか寝つかなくて、途方に暮れている

……どうでしょうか。何か思い浮かぶでしょうか。

自分がどんな毎日を送っていて、どんな気持ちで過ごしているのか、棚卸しする感覚で考えてみましょう。もしなかなか思い浮かばないようなら、紙と鉛筆を用意して、箇条書きで思いつくまま、言葉を書き出してみてください。

・仕事が終わらず、なかなか休めない
・お客様からクレームを受けた
・夕飯を作ったのに、夫から急に「いらない」と言われた

……起こったことに対して、あなたはどう感じますか。

・仕方ない
・つらい
・どうすればいいかわからない

あわただしい毎日に追われていると、いつの間にか自分の感情や気持ちが置いてきぼりになってしまいます。

自分の置かれた環境を客観的に捉えなおし、感情に耳を傾けてみましょう。そして、

「そうだね」

「そうだよな」

「大変だな」

「本当にこのつらさをわかっているのは、俺たちだけだよな」

と、もうひとりの自分をイメージして、自分の心に寄り添ってあげてください。

すると、少しずつ自分の感情が安定し、常に隣にもうひとりの自分が支えてくれている安心感で、行動が加速するのです。

アクション２：「ほめポイント」を見つける

自分のことを見つめ直して、整理することができたら、３つのマジック質問を自分にも投げかけてみてください。

【マジック質問】
①好きなことは？
②継続していることは？
③大切にしていることは？

好きなことってなんだったかな？
継続していることって？
何を大切にしてきたんだっけ？

仕事に追われ、とても忙しい日々を送っている人が多い日本。自分のことがわかっていないまま、時間だけが過ぎている人がとても多いのが現状です。

どんな人生を送りたいのか？
ということを自問自答する習慣も、環境もあまりなかったのではないでしょうか？
これを機会に、ぜひ、質問をしてみてほしいのです。

この3つの質問にいつでも答えることができる、これこそが心の健康バロメーターになるのです。

アクション3：100点ほめ

アクション1、2を経て、自分自身の「棚卸し」をすることができました。

自分はどんなことが好きで、どんなことを経験して、何を大切にしているのかが明らかになったと思います。

そうすれば、いよいよアクション3の「100点ほめ」です。

自分のことをありったけ、ほめてください。

「上司に理不尽なことで怒られたのに、文句も言わずにちゃんと仕事をしていて、すごい」

「お客様からクレームを言われても、自分の責任だと受け止め、ちゃんと報告して、えらい」

「忙しいのに、毎日夕飯をちゃんと作っていて、本当にえらい」

どんな些細なことでもかまいません。
理想は毎日、少なくとも**3日に1度は、「自分ほめ」**をしてみてください。
そして、月に1度はこれ以上ないくらい自分をほめてみてほしいのです。
ちなみに、わたしは、こんなふうに自分をほめています。

2020年6月14日　原邦雄へ
日本の英雄へ
君の志の高さ、行動の量とその継続、本当感服するよ。
次々に結果につなげ、そして行動を止めない意志は、
間違いなく英雄の道にまっしぐら！
心から尊敬しています。
出版や連載、コンサルティング、研修だけでなく
子育て分野や起業家にも支援しているね。

よくそんなに、マルチタスクができるなあと
我ながら感心しています。
さらに、家族も大切に、子育てや介護にも積極的に参加し、
トライアスロンのトレーニングも再開、
本当にスーパーマンだね。
ほめ育は、多くの影響力がある人に支えられ、
ますます世界を駆け巡るね。
君に意志が続く限り道はどんどん開けます。
地球の未来を背負っている感じがするだろう？
それでいいよ！　人と人をつなぎ直し、国と国をつなぎなおす〝ほめ育〟。
すべての人は、ほめ合う為に生まれてきたことを
どんどん広め、地球人の教育方針の一つにしよう。
いつも、いつまでも味方だよ。
さあ叫べ！　邦雄よ！　自分の与えられた役割を全うできる！
そして、その行動力で地球全体を幸せオーラで包み込んでしまおう。

君に会えてよかった！　いこう！　精いっぱい！

「自分をほめるメッセージ」をこの本で多くの人に見られることは、はっきり言って、恥ずかしいです！（汗）

しかし、それでいいのです、痛みがない成長はありません。「恥ずかしい」が、１００点ほめ習得のための成長痛なのです。

相手への共感力を高める「振り返りの時間」

100点のほめ方を極めるためには、相手への共感力も大切です。実は自分ほめをすることが、共感力を高めることにもつながります。

自分ほめは「振り返りの時間」が大切

「自分ほめ」で重要なポイントは、毎日**「振り返りの時間」**を設けることです。

お風呂に入っているときや寝る前に、今日一日何をしたか、振り返ってみてください。みなさん相当頑張っているはずです。思い出すだけでも「自分ほめ」になるのです。

たとえば、次の3つを切り口に、一日を振り返ってみてください。

①嬉しかったこと
②大変だったこと
③頑張ったこと

この3つを自分に問いかけて、

「あの言葉は嬉しかったな」
「そういえば、これは大変だったなぁ……」
「でも、こんなふうに頑張ったじゃないか」

と、その日の具体的な出来事やエピソードを振り返りながら、自分で自分をほめてあげましょう。

振り返りをするときは、なるべく目をつぶってください。

目をつぶり、もうひとりの自分との会話をスタートさせるのです。

朝起きてから何をしたのか。

何時に出発して、電車に飛び乗って、出社して、どんなミーティングをして、誰と電話して、どんなことをお願いして、ランチは何を食べて、また仕事をして、悩んだり、喜んだり、ミスもあったかもしれませんね。

そして、夜がきて、いま寝る前……。

一日を振り返り、今日のダイジェストをつくる感覚で振り返ってみてほしいのです。

実は、この「振り返り」をすることで、十分自分をほめているのです。一日頑張った自分を手当てしてあげているのです。

愛の反対は無関心（忘れてしまうこと）。

自分がやってきことを記憶し、明日につなげる。そのための日々の自分ほめで、明日への活力になるだけでなく、人生の根っこもできていくのです。

自分をほめる力がつけばつくほど、
相手をほめる力もついてくる

自分ほめをすれば「１００点ほめ」の言葉力が増す

自分ほめを習慣づければ、「１００点ほめ」の言葉の力が増します。

自分ほめを行うことで、自分自身の人生の棚卸しをすることができます。

自分がどんな出来事に対しどんな感情を持ったのか、どう乗り越えてきたのかも、実感することができます。

すると、相手の話を聞くとき、

「その考え方は、わたしと似たところがあるな」

「乗り越えたんだな、この人も」

「いま、大変なときなんだな。何か力になりたいな」

など、相手と自分との共通点が簡単に見つかるようになるのです。

すると、「100点ほめ」をするときに、

「わたしにもあなたと同じような経験があるのですが、本当に大変ですよね」

「わたしはここまでしかできなかったけど、あなたはもっと頑張ったんですね」

など、自分の心からの感情を乗せたほめ言葉を、相手に伝えることができるようになります。**ほめたい気持ちが強いほど、相手に伝わる**ものなのです。共感の温度差が相手の期待に近ければ近いほど、寄り添ってもらったと実感するのです。

たとえば、「上司からなかなか評価してもらえない」と悩みながらも、前向きに行動している人に対して、

「実はわたしも以前、上司とまったく意見が合わない時期がありました。気持ちが落ちこんで、挙句の果てには体調まで崩してしまって……。

でも上司の真意を知って、自分がやるべきことをするようになったら、驚くほど仕事がうまくいくようになって、上司からも信頼されるようになったんです。〇〇部長は、こんな大変なことをひとりで背負っていたのですね。すごいです」

と、尊敬の思いをこめて、伝えられるはずです。

自分の人生のエピソードを思い出しながら、相手の人生に１００パーセント共感している思いを伝え、その人生のすべてを肯定するようなほめ言葉をかける。

これができたら、あなたのほめ言葉の精度がますます高まります。

相手の期待を上回るほどの熱意を見せる

「あなたのことを、いつも気にかけている」という姿勢を示すために、わたしが心がけていることがあります。

それは、**「常に相手の期待を上回るほどの熱意」を見せる**ことです。

熱意というと、目に見えないもののような気がしますが、それは具体的に示すことができます。

たとえば、次のように。

・なかなか結果が出ない部下へは、いくつかの企画案と参考になりそうな書籍数冊をプレゼントし、結果が出るまで応援をやめない
・お客様からクレームを言われてへこんでいる上司へは、励ますと同時にいつでも支える意志を伝え、チームとして結果を出す
・結婚しようかどうか迷っている学生時代の友人へは、どんな選択をしても全力で応援すると伝える
・子どもが生まれた同僚へは、誰よりも早くプレゼントを贈り、我がごととして喜ぶ
・経営が不調な友人経営者へは、金銭的価値につながるアイデアを連日提案する

そして、こんな言葉をそれぞれの対象に合わせて送るのです。

「あなたの可能性は、あなた以上に信じている。
いつでも応援しているし、いつでも相談してきてほしい」

あなたが、これから大切にしていきたい人に対して、**どれほどその人のことを考え、そ**

の可能性を信じ、ともに歩んでいきたいと考えているのか、具体的な行動として表現して
みてはいかがでしょうか？

そこにあるのは、圧倒的な「利他（りた）」の心です。

「ほめる」は「叱る」とセットで完成する

100点のほめ方を極めるために、もうひとつ知っておいてほしいことがあります。それは、**「ほめる」と「叱る」はセット**だということ。両方が揃ってこそ、100点ほめは本当の威力を発揮するのです。

もちろん、初対面の相手に対しては、叱ることはあまり効果的ではありません。知り合ってから日が浅く、まだ十分に信頼関係が築けていない相手のことも、無理に叱る必要はありません。

でも、親友や部下、仲間など、一緒に結果を出したい相手をほめるときは、必ず「叱る」も取り入れてほしいのです。

わたしと一緒に「ほめ育」の講師をしてくれているNさんという女性がいます。

Nさんは誠実で、笑顔がとても良く、人前で話すのがとても上手。勉強熱心で向上心があり、講師として抜群な素質を持っています。

ほめることで、Nさんはますます長所を伸ばしていきました。話す内容に深みと具体性が増し、さらに魅力的になったのです。事例や数字を入れて説明できるようになったので、経営者に対しても堂々と話すことができるようになりました。

ところがNさんは、お金の管理が苦手です。請求書を作り忘れることもあります。

1回目は、優しく丁寧に説明し、注意しました。2回目も同様です。

しかし3回目は、相手の苦手を改善するためのアクションとして、叱ります。

どんな理由があっても、価値を対価にしなければ、対経営者への仕事はできません。そこでわたしは叱りました。

「これからもずっと一緒に仕事をしたいし、頼りにしているので正直に伝えます。請求書の作成忘れは、今回で3度目です。前からまったく改善されていません。今後は、必ず改善するように！　そのための対策は、自分で考えて行動してください。もし、またミスがあってもこの件に関してわたしは、今後何も言いません」

わたしが叱り切ったことで、Nさんは変わりました。もちろん請求書を作り忘れることはありません。

お金の管理ができるようになると、ますます誠実さが際立つようになりました。ビジネスに関しても、積極性が出ました。そしてわたしが新規事業を立ち上げる際、中心人物として活躍する人材へと育ったのです。

もちろん以前から、Nさんは信頼できるパートナーでした。でも叱らなければ、きっとお金の管理に対して無頓着なまま。きっと成長を妨げるネックになったことでしょう。

いまではNさんは、心の底から安心して仕事を任せられる仲間です。そして、一緒に未来をつくっていける同志になったと実感しています。

このように**「ほめる」と「叱る」をセットで取り入れることで、相手との関係をより強固にすることができます**。そしてお互いの関係を、次のステージへと押し上げることも可能になるのです。

「叱る」と「怒る」は別物

ここで整理しておきたいのが、**「叱る」と「怒る」の違い**です。

ここまで読んで、

「普段から部下を叱っている」

と思う人もいるかもしれません。でも本当に、きちんと叱れているでしょうか。もしかして怒っているのではないでしょうか。

「叱る」というのは、相手の「できていない点」や「改善すべき点」に注目し、指摘することです。根本には「もっと良くなってほしい」「成長してほしい」という気持ちがあります。

「怒る」というのは、相手の言動に不満や不快感があり、イライラした気持ちを出す行為です。感情をそのままぶつけているだけです。

たとえばあなたの部下が、大事なプレゼンテーションにもかかわらず、準備が不十分で、取引先の部長を怒らせてしまったとしましょう。もしあなたが、

「君は何を考えているんだ！　君はほんとにダメだな！

この仕事がどれだけ大事か、あれほど言っただろう！」

と、大声を上げているなら「怒る」です。

自分のイライラをぶつけているだけで、むしろ関係が悪くなるだけです。もちろん相手の成長にはつながりません。

一方で、

「どうしたんだ、君らしくない。

準備が間に合わないなら、なぜ言ってくれなかったんだ、水くさいじゃないか。

いや、俺が言えない雰囲気をつくっていたのかもしれないな。

とにかく俺たちふたりの、半々の責任だ。再度準備して、もう一度提案に行こう」

このように、落ち着いた口調で相手に伝えているなら「叱る」です。

相手の改善すべき点を指摘し、どうなってほしいのかという期待を示すことで、本人に気づきを促し、行動のきっかけをつくっています。

このように叱れば、お互いの信頼関係を深めるきっかけになります。部下も成長への一歩を踏み出すことができます。

「叱る」と「怒る」は、似て非なるもの。相手の成長を願い、そして良い関係を築きたいと考えているなら、必ず叱ってください。

どんなときに叱るのか？

ほめることとは、相手の能力を引き出すことにつながります。ただし、改善点がある場合、話は別です。ダメなものはダメと叱らなくては、「なんでもあり」の無法地帯になってしまいます。

ぜひ叱ってほしいのは、先ほどご紹介したＮさんのように**「何度注意しても改善できな**

い」とき。もしくは、**「改善しようとしていない」「その人の仕事の致命傷になることが起こるかもしれない」**ときです。

叱られた本人は、何をすればほめられるのか、そして何をすれば叱られるのかを理解します。基準がわかれば、行動の質が高くなります。すると、より「ほめる」の効果もアップするのです。

他にも、叱るべきときはあります。たとえば、

・もう少しで目標に届くのに、努力をやめてしまっている
・前は行動できていたことが止まってしまっている
・何回もケアレスミスを繰り返し、集中力や覇気がない

こういうときも、ぜひ叱ってください。

叱ろうと思えば、普段から相手の行動を見ていなければ、叱ることができません。

相手の行動をじっくりと観察し、ほめるべきときは思いきりほめましょう。そして同じように、叱るべきだと判断したら、叱ってください。その繰り返しで、必ず信頼関係が強固になっていきます。

大事なポイントは「叱り切る」こと

叱るとき、生半端な「叱る」では不十分です。ダメなものは絶対にダメと、躊躇なく叱ってほしいのです。言い訳は一切受け入れず、スパッと言い切ってください。


ちなみに、**「ほめる」と「叱る」の割合は、わたしは「5対1」を推奨しています。**

5回ほめて人間関係を深めたら、次は1回、思いきり叱ってもよいのです。

もしかすると、

「そんなに叱ったら、仕事を辞めてしまうのではないか？」

「叱っても、聞いてくれないのではないか？」

と思う人もいるかもしれません。

大丈夫です。心配ありません。

ほめることで人間関係ができていれば、相手は耳を傾けてくれるものです。100点はめができるあなたなら、きっとできるはずです。

自分の保身ではなく、100パーセント相手の幸せを願って叱り切ってください。

叱り切るときの大切なポイントは、「一生してほしくない」という強い気持ちを伝えること。生半可な気持ちではなく、本当に成長する気があるのかを突きつけるのです。

そして何より大切なことは、**覚悟をもって叱る**こと。

もしかしたら、叱ることで関係が悪くなることもあるかもしれません。相手が自分の元を去ってしまうかもしれません。

それでもやはり、叱ってほしいのです。なぜなら叱ることでしか、相手が壁を乗り越えられないことも多いからです。

ダメなことはダメ、一生やめてほしいという断固とした態度で、叱ってください。

ほめることは、相手の幸せや繁栄を祈ること。

叱ることは、愛のある摩擦で、進歩を促すこと。

ぜひ、「ほめる」と「叱る」をセットで活用し、ゆるぎない人間関係を築いてください。

それができれば、あなたは正真正銘、「１００点のほめ方」を極めたことになります。

第4章のまとめ

- 相手の「ほめポイント」に合わせて、適切なほめ言葉でほめ切ることが、１００点のほめ方を極める第一歩
- オンラインだけではなく、オフラインのやりとりでも相手をほめることで、関係がより強固になる
- 相手の「ほめポイント」は、ＳＮＳからでも十分にリサーチできる
- １００点のほめ方を極めるためには、「これでもか！」というぐらい自分をほめる。自分をほめる力がつけばつくほど、相手をほめる力もつく。
- 一日の終わりにその日を振り返り、Ａ４の紙１枚に自分へのほめ言葉を書き出す
- 「ほめる」と「叱る」はセット。両方が揃うと、１００点ほめはさらに威力を発揮する

おわりに
〜一日一ほめのすすめ

わたしが、日本中、世界中に「ほめ育」を伝え始めて10年以上が経ちました。
はじめは、ほとんどの人から

「無理だ、その考えは良いけど、広まらないよ」

と言われました。でも、私はこのメッセージ、

人は、ほめられる為に生まれてきた
そして、ほめ合う為に存在している

に確信があり、ほめることの価値を伝え続けてきました。

いままでは、本当にありがたいことなのですが、ビデオ通話による研修や、執筆依頼が毎日のようにきます。海外の教育関係者からのお問い合わせ対応も忙しくなってきました。

経済（お金）だけでは幸せになれなかった私たち。

これからは人と人をつなぎ直す、国と国とをつなぎ直すことがとても大切な時代です。

私自身、家族や友人、上司や部下との関係がうまくいかず、人間関係に悩んでいた過去がありましたが、「１００点のほめ方」を身につけてからは、人間関係の悩みがゼロになりました。

人間は、

「よく頑張ったね」

「いつも、応援しているよ」

「ありがとう」

という言葉が、生きている実感、湧き上がる活力の源になっていくのです。


人間関係は良いほうが良いに決まっています。

でも、お互いのマイナス面ばかりが目に入る人たちも多くいます。

本当は、「笑顔で笑い合いたい」「握手やハグしたい」「ほめ合いたい」と思っているのに、一歩が出ないときもある……。

そんな思いに寄り添いながら、ほめることの価値を伝えてきました。

ほめられたときの〝はにかんだ笑顔〟と、

「100点のほめ方に出会えて良かったです」


という感想を見る度に、この活動を続けて良かったと思っています。

人は出会いがあれば、別れがあります。そしていつか人生は終わるのです。わたしたち人間は、どれだけほめ言葉を渡せるかで、幸福度が変わるのではないでしょうか？

同じ時代を生きる者同士、いずれ別れがくるときまで「ほめ言葉」を言い合い、関係を大切に積み重ねていこうではありませんか。

ほめるの古語は、「ほむ」。「相手の繁栄や幸せを祈る」という意味です。

本書を手にした**あなた**の繁栄や幸せを心からお祈りし、ペンを置きたいと思います。

最後に、この本の作成に2年にわたり携わってくださり、本当に多くのことを教えてくださった『伝え方が9割』の著者・佐々木圭一さん、本書の編集を担当してくださったディスカヴァー・トゥエンティワン編集部の千葉正幸さん、志摩麻衣さん、いつも支えてくれている妻と二人の娘、そして、応援してくださったすべての方に感謝を申し上げたいと思います。

原　邦雄

100点のほめ方

発行日　2020年　8月　20日　第1刷

Author　原邦雄

Book Designer 重原隆

Publication　株式会社ディスカヴァー・トゥエンティワン
〒102-0093　東京都千代田区平河町2-16-1 平河町森タワー11F
TEL　03-3237-8321（代表）03-3237-8345（営業）
FAX　03-3237-8323
http://www.d21.co.jp

Publisher　谷口奈緒美
Editor　千葉正幸　志摩麻衣（編集協力　山内早月）

Publishing Company
蛯原昇　梅本翔太　原典宏　古矢薫　佐藤昌幸　青木翔平　大竹朝子　小木曽礼丈
小田孝文　小山怜那　川島理　川本寛子　越野志絵良　佐竹祐哉　佐藤淳基　竹内大貴
滝口景太郎　直林実咲　野村美空　橋本莉奈　廣内悠理　三角真穂　宮田有利子
渡辺基志　井澤徳子　藤井かおり　藤井多穂子　町田加奈子

Digital Commerce Company
谷口奈緒美 飯田智樹　大山聡子　安永智洋　岡本典子　早水真吾　三輪真也　磯部隆
伊東佑真　王廳　倉田華　小石亜季　榊原僚　佐々木玲奈　佐藤サラ圭　庄司知世
杉田彰子　高橋雛乃　辰巳佳衣　谷中卓　中島俊平　西川なつか　野﨑竜海　野中保奈美
林拓馬　林秀樹　牧野類　三谷祐一　元木優子　安永姫菜　中澤泰宏　青木涼馬
副島杏南　羽地夕夏　八木眸

Business Solution Company
蛯原昇　志摩晃司　藤田浩芳　野村美紀　南健一

Business Platform Group
大星多聞　小関勝則　堀部直人　小田木もも　斎藤悠人　山中麻吏　福田章平　伊藤香
葛目美枝子　鈴木洋子

Company Design Group
松原史与志　岡村浩明　井筒浩　井上竜之介　奥田千晶　田中亜紀　福永友紀　山田諭志
池田望　石光まゆ子　石橋佐知子　齋藤朋子　俵敬子　丸山香織　宮崎陽子

Proofreader　文字工房燦光
DTP　一企画
Printing　日経印刷株式会社

ISBN978-4-7993-2666-4